송언 선생님의

# 신나는 글쓰기 초등학교

## 글 송언

아이들을 위한 동화를 쓰는 동화 작가입니다. 글쓰기는 참 행복한 일입니다. 글쓰기를 힘들어하는 아이들이 글쓰기가 즐겁고 행복한 일이란 걸 경험할 수 있었으면 하는 바람으로 이 책을 썼습니다. 누구나 행복한 글쓰기가 가능합니다. 너무 욕심부리지 말고, 괜히 부담스러워하지 말고, 통통 공주와 꿀꿀이 왕자와 함께 편안한 마음으로 시작해 보세요. 그동안 쓴 동화책으로 〈멋지다 썩은 떡〉〈잘한다 오광명〉〈황 반장 똥 반장 연애 반장〉〈마법사 똥맨〉〈김 구천구백이〉〈축 졸업 송언 초등학교〉〈김 배불뚝이의 모험〉 등이 있어요.

이메일 thddjs@hanmail.net

## 그림 유설화

어린이 책에 그림 그리는 일을 하고 있습니다. 송언 선생님 책을 재미있게 읽고 있는 독자입니다. 이번에 선생님의 책에 그림을 그릴 수 있어서 행복했습니다. 저도 그동안 글 쓰는 게 두려웠는데, 선생님 말씀처럼 욕심부리지 말고 편안한 마음으로 써 봐야겠다는 생각도 했지요. 글과 그림을 함께한 책으로 〈슈퍼 거북〉〈슈퍼 토끼〉가 있고, 그림을 그린 책으로 〈힙합 독수리〉〈장 꼴찌와 서 반장〉〈너 때문에 못살아!〉〈유비야, 공자를 부탁해〉〈사라진 축구공〉 등이 있습니다.

송언 선생님의
신나는 글쓰기 초등학교

2013년 7월 25일 1판 1쇄 발행 | 2020년 7월 30일 2판 1쇄 발행 | 2021년 3월 22일 2판 2쇄 발행

**글** 송언 | **그림** 유설화
**편집** 윤경란, 안정현 | **디자인** 김진성 | **마케팅** 배현석 | **제작** 김현권, 김병철
**펴낸이** 박홍균 | **펴낸곳** 미세기 | **출판등록** 1994년 7월 7일 제21-623호 | **주소** 서울시 강남구 논현로 164(도곡동) 유니북스빌딩
**전화** 02-560-0900 | **팩스** 02-560-0901 | **홈페이지** www.miseghy.com | **제조국** 대한민국

값 14,000원 | ISBN 978-89-8071-474-2 63710

동화처럼 재미있는 열여덟 가지 글쓰기 놀이

# 송언 선생님의 신나는 글쓰기 초등학교

글 송언 그림 유설화

미세기

차례

수수께끼와 가로 세로 낱말 맞히기의 정답은 148쪽에 있어요.

# 작가의 말

나는 동화 작가입니다. 그래서 초등학교나 도서관에서 하는 '작가와의 만남' 행사에 초대되어 어린이 독자들을 자주 만납니다. 얼마 전에 한 어린이가 물었습니다.

"왜 작가가 되었어요? 글 쓰는 일이 힘들지 않나요?"

나는 솔직하게 대답했습니다.

"당연히 힘들지."

"그러니까 제 말은 왜 힘드는 일을 하느냐는 거예요."

"그건 말이야. 힘이 들지만 그만큼 행복하기 때문이란다. 행복하지 않고 힘만 드는 일이라면 누가 작가를 하겠어, 안 그래?"

그제야 질문한 어린이가 고개를 끄덕끄덕했습니다.

나는 그 어린이에게 되묻고 싶었습니다.

"글 쓰는 것은 참 행복한 일이야. 너라면 힘들다고 행복을 포기하겠니?"

이미 밝혔듯이 나는 동화 작가입니다. 주로 재미있는 동화책을 쓰고 있습니다. 그럼 계속 재미있는 동화책이나 쓸 것이지, 왜 딱딱한 글쓰기 책을 쓰느냐고, 누군가는 따질지도 모르겠습니다. 그럼 이렇게 대답해 주고 싶습니다.

"그건 말이야. 재미있는 동화책을 읽는 것처럼 '글쓰기'를 재미있게 할 수는 없을까 하는 고민이 생겼기 때문이란다."

글쓰기를 힘들어하는 어린이들이 참 많습니다. 어린이들이 힘들어하지 않고 신나게 글쓰기를 할 수 있었으면 좋겠습니다. 너무 욕심부리지 말고, 괜히 부담스러워하지 말고, 편안한 마음으로 글쓰기를 해 보라고 말해 주고 싶습니다.

이 책의 주인공인 통통 공주와 꿀꿀이 왕자는 특별한 어린이가 아닙니다. 이 책을 읽는 여러분처럼 그냥 평범한 어린이입니다. 그러니까 내 말은 누구나 통통 공주나 꿀꿀이 왕자처럼 신나게 글쓰기를 할 수 있다는 겁니다.

어린이 여러분이 이 책을 재미있게 읽었으면 좋겠습니다. 글쓰기에 부담을 갖지 말고 그냥 즐겁게 읽었으면 좋겠습니다. 그리고 글쓰기 활동은 마음이 내킬 때 천천히 해도 좋습니다.

어린이 여러분, 글쓰기를 통해서 행복을 꿈꾸어 보세요. 행복한 글쓰기는 누구에게나 가능한 일이랍니다. 결코 어려운 일이 아니랍니다. 통통 공주와 꿀꿀이 왕자가 그걸 증명하고 있잖아요, 안 그래요?

2013년 여름에 동화 작가 송언 씀

여기는 신나는 글쓰기 초등학교 교실입니다.

오늘은 개학 날이에요. 새 학기가 시작되는 날이기도 하고요.

얼굴이 하얀 남자아이 하나가 낯선 교실에 들어서자마자 주위를 두리번거리며 작년에 같은 반이었던 친구를 찾습니다.

교실 한쪽 구석에서는 얼굴이 통통하게 생긴 여자아이가 벌써 친구를

사귀었는지 가방을 내려놓고 도란도란 이야기를 나누고 있어요.

방학 내내 조용했던 교실은 아이들이 하나둘 들어오면서 시끌시끌해졌어요. 드디어 교실 앞문이 드르륵 열렸어요.

수염이 하얀 선생님이 아이들을 향해 밝게 웃으며 들어왔어요.

앞으로 일 년 동안 이 교실에서는 과연 어떤 일이 벌어질까요?

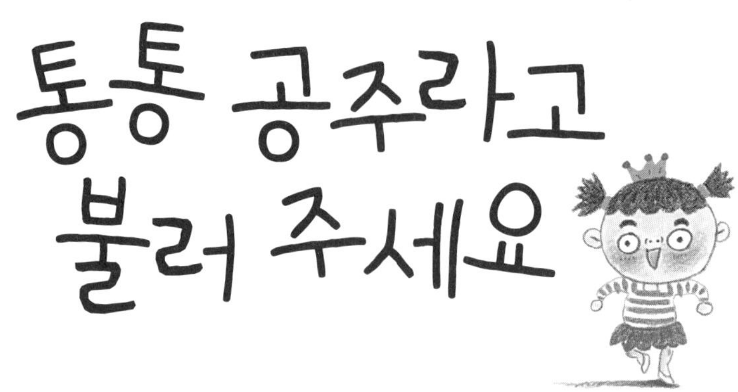


새 학년이 되고 하루가 지났어요.

아직까지 아이들은 서로 서먹서먹하답니다. 키 순서대로 남자아이와 여자아이가 짝꿍이 되었어요. 선생님이 아이들 이름을 하나하나 불러 주었어요. 아이들은 친구 이름을 들으며 얼굴을 눈여겨 살펴봤어요.

선생님이 말했어요.

"얘들아, 어제 많이 놀라지 않았니? 선생님이 머리도 하얗고, 수염도 하얗고 그래서 말이야."

그러자 몇몇 아이들이 쫑알쫑알 말했어요.

"선생님, 늙은 할아버지예요?"

"전 선생님이 원장 선생님인 줄 알았어요."

"야, 여기가 무슨 유치원인 줄 아니? 저는 우리 학교 교장 선생님인 줄 알았어요."

선생님이 말했어요.

"작년에 선생님 반 아이들이 내 수염을 보고는 뭐라고 놀렸는 줄 아니? 교실 바닥을 청소하는 빗자루 같다면서 '빗자루 선생님'이라고 놀렸단다. 하하하."

선생님 수염이 진짜 빗자루 같다며, 아이들이 와하하 따라 웃었어요. 빗자루 선생님이 말했어요.

"나는 말이야, 백 살이 훨씬 넘었단다. 저기 강원도 오대산에 있는 산신령과 친구 사이지. 너희들이 말을 잘 들으면 학교 운동장에서 뭉게구름을 태워 줄 수도 있단다. 그러니까 앞으로 선생님 말을 잘 듣도록 해라. 알았지?"

아이들은 선뜻 대답을 못하고 멀뚱멀뚱 서로를 쳐다봤어요. 빗자루 선생님이 다시 말했어요.

"이것으로 선생님 소개를 간단하게 마치겠다. 이제 너희들 차례다. 어제 숙제를 내 주었으니 모두 준비해 왔겠지? 한 사람씩 앞으로 나와 발표해 보자."

빗자루 선생님은 어제 '소개하는 글'을 써 오라고 했어요. 자신을 자세히 소개하거나, 가족을 소개하는 글을 써 보라고 했지요.

빗자루 선생님이 물었어요.

"자, 누가 먼저 발표해 볼까?"

얼굴에 살이 통통하게 오른 여자아이가 손을 번쩍 들었어요. 그 아이는 공책을 들고 칠판 앞으로 나갔어요.

그리고 자기가 쓴 글을 또랑또랑한 목소리로 읽었답니다.

우리 식구는 되게 많습니다. 모두 합쳐 일곱 명입니다. 지금부터 우리 식구를 하나하나 소개하겠습니다.

우리 할머니는 나를 무척 사랑하십니다. 그리고 나랑 내 동생 민석이를 잘 돌봐 주십니다. 할머니는 나를 통통 공주라고 부릅니다. 얼굴에 살이 통통하게 올라서 보기 딱 좋답니다. 우리 할아버지는 택시 운전을 하십니다. 할아버지가 쉬는 날, 할아버지 택시를 타고 멀리 나가 바람을 쐬고 돌아오면 기분이 참 좋습니다.

우리 엄마랑 아빠는 일을 다니기 때문에 저녁 늦게 집에 들어오십니다. 우리 아빠는 내가 귀엽다는데, 엄마는 뚱뚱해서 밉답니다. 살을 빼라고 합니다. 그럼 할머니가 얼른 내 편을 들어 줍니다.

"뚱뚱하다니, 통통해서 보기 딱 좋구먼."

내 동생 민석이는 말썽꾸러기지만 귀엽습니다. 우리 엄마는 나보다 민석이를 더 좋아합니다. 그래도 나는 괜찮습니다. 왜냐하면 아빠는 나를 더 좋아하니까요.

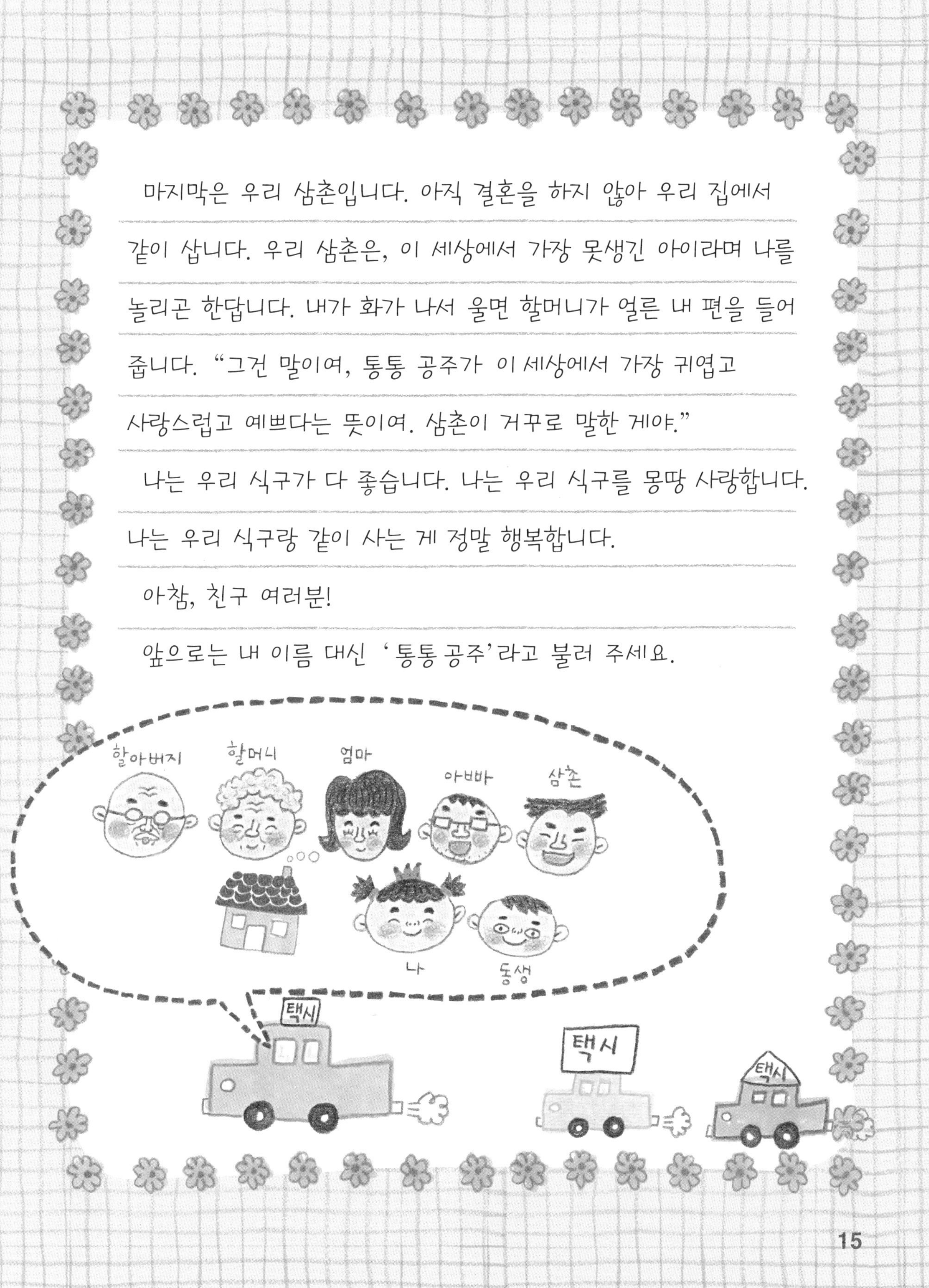

마지막은 우리 삼촌입니다. 아직 결혼을 하지 않아 우리 집에서 같이 삽니다. 우리 삼촌은, 이 세상에서 가장 못생긴 아이라며 나를 놀리곤 한답니다. 내가 화가 나서 울면 할머니가 얼른 내 편을 들어 줍니다. "그건 말이여, 통통 공주가 이 세상에서 가장 귀엽고 사랑스럽고 예쁘다는 뜻이여. 삼촌이 거꾸로 말한 게야."

나는 우리 식구가 다 좋습니다. 나는 우리 식구를 몽땅 사랑합니다. 나는 우리 식구랑 같이 사는 게 정말 행복합니다.

아참, 친구 여러분!

앞으로는 내 이름 대신 '통통 공주'라고 불러 주세요.

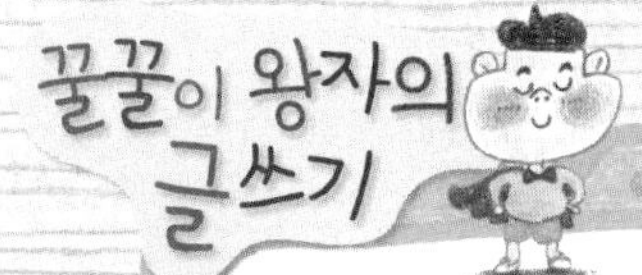

# 나는 꿀꿀이 왕자야!

내가 이 세상에서 가장 좋아하는 냄새가 뭔지 아니?

고기 굽는 냄새다. 나는 고기를 무척 좋아한다. 고기뿐 아니라 이것저것 다 잘 먹는다. 그래서 몸이 뚱뚱한 편이다. 당연히 얼굴도 호박처럼 넙데데하다. 나는 이런 내가 좋다.

아참, 내가 싫어하는 냄새가 있다. 그건 바로 생선 굽는 냄새다. 나는 비릿한 생선 냄새를 맡으면 속이 메스꺼워진다.

나는 수학을 싫어한다. 하지만 동화책 읽기를 좋아한다. 글쓰기를 잘해서 작가가 되고 싶다.

나는 아빠를 닮았다. 우리 아빠 아들이니까 당연하다. 하지만 나는 아빠보다 엄마를 더 좋아한다. 그럼 엄마도 당연히 아빠보다 나를 더 좋아해야 맞는 거 같다. 그런데 우리 엄마는 나보다 아빠를 더 좋아하는 것 같다.

나는 빨리 커서 아빠가 되고 싶다. 뭐든 잘 먹고 쑥쑥 크고 싶다. 그러다가 뚱뚱이가 되었지만 말이다.

나는 뚱뚱한 내가 좋지만 별명이 '꿀꿀 돼지'가 되는 건 싫다.
작년에는 반 친구들이 '날아라, 슈퍼 똥돼지!'라고 날 놀렸다.
정말 듣기 싫었다. 나는 '꿀꿀 돼지'도 싫고, '슈퍼 똥돼지'도 싫다.
나는 우리 반 친구들과 일 년 동안 사이좋게 지내고 싶다. 그러니까
'꿀꿀 돼지'나 '슈퍼 똥돼지'라고 놀리지 마. 제발 부탁이다.
그냥 '꿀꿀이 왕자'라고 불러 줘. 알았지?

## 나의 글쓰기

나에 관해서 하나하나 적다 보면, 친구들에게 꼭 말해 주고 싶은 것들이 생길 거예요.

| | |
|---|---|
| 이름 : | 장래희망 : |
| 사는 곳 : | 좋아하는 말 : |
| 가족 : | 자신 있는 과목 : |
| 별명 : | 좋아하는 음식 : |
| 생김새: | 좋아하는 친구: |

가족이나 친구, 혹은 이웃 들에게 나는 어떤 어린이인지도 물어보세요. 나도 몰랐던 나의 또 다른 모습을 발견할 수 있답니다.

- 내 가족 중에 __________는 나보고 ______________________________
  ______________________________________________래요.
- 우리 선생님은 ______________________________________
  ______________________________________고 하셨어요.
- 내 친구 __________는 ______________________________
  ______________________________________________래요.
- ______________는 내가 ______________________________
  ______________________________________해서 좋대요.

나에 관해서 적은 것과 주변 사람들의 말을 떠올리며, 새로운 친구들에게 나를 소개하는 글을 써 보세요.

나에 대해 잘 모르는 사람들에게 나를 소개하는 글이란다. 나에 대해 어떤 이야기를 해 주고 싶은지 생각해 보자.

# 꿀꿀이 왕자의 눈물

며칠이 지났어요.

수업 시간에 꿀꿀이 왕자가 교실 뒤쪽으로 가더니, 드르륵드르륵 연필 깎이를 돌렸어요.

빗자루 선생님이 꿀꿀이 왕자를 나무랐어요.

"수업 시간이다. 연필 깎지 마라."

얘기를 듣고 바로, "네, 죄송합니다." 하고 연필 깎는 동작을 멈추었다면 그걸로 끝이었을 거예요. 그런데 꿀꿀이 왕자는 너무나도 당당하게 이렇게 말했어요.

"수업 시간이라 깎고 있음."

꿀꿀이 왕자는 말끝을 싹둑 잘라먹는 버릇이 있답니다.

"연필 깎지 말라는데 뭐라고 말대꾸를 하는 거야?"

선생님의 눈꼬리가 올라갔어요.

"수업 시간이라 깎고 있음."

"뭐라고?"

꿀꿀이 왕자는 지루하지도 않은지 같은 말을 반복했어요.

"수업 시간이라 깎고 있음."

"그게 뭔 소리야?"

꿀꿀이 왕자가 빽 소리를 질렀어요.

"수업 시간이라 깎고 있다고요!"

빗자루 선생님도 덩달아 소리를 질렀어요.

"너 자꾸 이상한 말대꾸하면 혼난다!"

"선생님이 자꾸 말을 시키고 있음."

"뭐라고?"

"선생님이 자꾸 말을 시키고 있음."

"너 자꾸 뭐라고 꿍얼거리니?"

"선생님이 자꾸 말을 시키고 있음."

"아이고, 저 녀석이 선생님 속을 뒤집네."

빗자루 선생님은 뚜벅뚜벅 걸어가 꿀꿀이 왕자를 콕 쥐어박았어요.

꿀꿀이 왕자가 기어들어 가는 목소리로 따졌어요.

"왜 때리삼……."

"네가 맞을 짓을 했다!"

꿀꿀이 왕자는 할 말을 잃고, 자리로 가서 책상에 엎드렸어요. 두 눈에서 방울방울 눈물이 쏟아졌어요.

이날 꿀꿀이 왕자는 무척 억울했어요. 그래서 일기장에 자기가 왜 억울

한지 자세히 썼답니다.

빗자루 선생님은 꿀꿀이 왕자의 일기를 읽어 보고 미안한 생각이 들었어요. 그래서 꿀꿀이 왕자 일기장에 사과하는 글을 썼답니다. 일기장 덕분에 억울한 일이 해결되었지요.

다음은 꿀꿀이 왕자가 쓴 일기예요.

3월 21일 목요일 

일어난 시각 7시 25분 잠자는 시각 10시 20분

# 엄청 억울한 날

수업 시간이었다. 공책에 글씨를 쓰는데 연필심이 똑 부러졌다. 나는 잽싸게 교실 뒤쪽으로 가서 드르륵드르륵 연필깎이를 돌렸다.

그때 빗자루 선생님이 날 나무랐다.

"수업 시간이다. 연필 깎지 마라."

나는 깜짝 놀랐다. 수업 시간이니까 연필을 깎지 말라니. 수업 시간이니까 당연히 연필을 깎는 것이지 쉬는 시간이면 뭐 하러 연필을 깎겠는가. 수업 시간이어서 공책에 글씨를 써야 하니 연필을 깎은 것뿐이다. 그래서 나는 대답했다.

"수업 시간이라 깎고 있음."

그런데 빗자루 선생님이 자꾸 연필을 깎지 말라고 했다.

나는 말귀를 못 알아듣는 선생님 때문에 속이 터질 뻔했다. 아무리 늙은 선생님이지만 내 말귀도 못 알아듣다니 정말 답답했다. 난 장난을 치거나 선생님을 화나게 하려는 게 절대로 아니었다.

선생님이 계속 내 말을 못 알아들었기 때문에, 알아들으실 때까지 계속 말한 것뿐이다.

게다가 선생님이 먼저 말을 시켜 놓고 자꾸 말대꾸한다고 나를 혼냈다. 선생님은 내 속을 뒤집어 놓고 내가 선생님 속을 뒤집었다고 덤터기를 씌우기도 했다.

그뿐이면 내가 이런 일을 일기장에 쓰지도 않는다.

답답한 것은 나인데 왜 선생님이 답답해하면서 날 때리느냐는 거다. 나는 정말 억울하다. 선생님한테 한 대 맞고 아파서 운 게 아니다. 억울해서 운 것이다.

선생님, 나는 정말 억울합니다.

수업 시간이니까 당연히 연필을 깎아야 하는 거 아닙니까, 네?

꿀꿀이 왕자야. 네가 이런 생각을 하며 연필을 깎았구나. 미안하다. 선생님이 잘못했다. 그런데 말이다. 너도 말버릇 좀 상냥하게 고쳐라, 응?

그날 저녁 통통 공주는 수업 시간에 연필을 깎다가 빗자루 선생님한테 혼이 난 꿀꿀이 왕자를 떠올리며 일기를 썼어요. 선생님과 꿀꿀이 왕자를 보며 통통 공주는 무슨 생각을 했을까요? 여기에 통통 공주의 일기를 써 보세요.

월 일 요일

## 꿀꿀이 왕자는 참!

오늘 수업 시간에 꿀꿀이 왕자가 연필을 깎아서 선생님께 혼이 났다. 꿀꿀이 왕자는 그렇게도 빗자루 선생님 마음을 모를까?

## 빗자루 선생님의 글쓰기

일기는 어린이만 쓰는 건 아니에요. 빗자루 선생님도 기억하고 싶은 일이 있을 때 일기를 쓴답니다. 꿀꿀이 왕자의 연필깎이 사건이 있던 날 저녁, 빗자루 선생님도 일기를 썼습니다. 빗자루 선생님은 어떤 일기를 썼을까요?

월 일

## 나의 글쓰기

오늘은 어떤 일이 있었나요? 꿀꿀이 왕자처럼 억울했던 일도 좋고, 신나고 즐거웠던 일도 좋아요. 이곳에 나의 일기를 써 봅시다.

월 일 요일

일어난 시각
시 분

잠자는 시각
시 분

빗자루 선생님께 물어보자!

# 일기 쓰기

빗자루 선생님,
일기는 꼭 써야 해요?
꼬박꼬박 쓰면 좋지.
쓸 만한 일이 없는데도요?
잘 생각해 보렴.
쓸 만한 일이 얼마나 많은데.
그게 바로 글의 재료가 되는 '글감'이란다.
정말 글감이 없을 때도 있어요.
그렇다면 말이야. 동시를 쓰거나 만화를 그려 봐. 지난밤 꿈꾼 내용을 정리해도 좋지. 책을 읽고 느낀 점을 쓰거나, 내 친구의 좋은 점, 친구와 싸웠던 일을 써도 좋아! 그럼 일기로 쓰고 싶은 게 굉장히 많아질걸. 글감은 어디에나 있단다.
그래도 매일매일 쓰는 건 힘들어요!
그럴 때는 하루쯤 건너뛰어도 괜찮아. 하루쯤 일기를 안 쓴다고 귀신이 잡아가는 것도 아니니까.
맞아~
일기 안 쓰고 자는 녀석이 있군.
일기장
귀신
스스슥
일기는 내일 써야지!

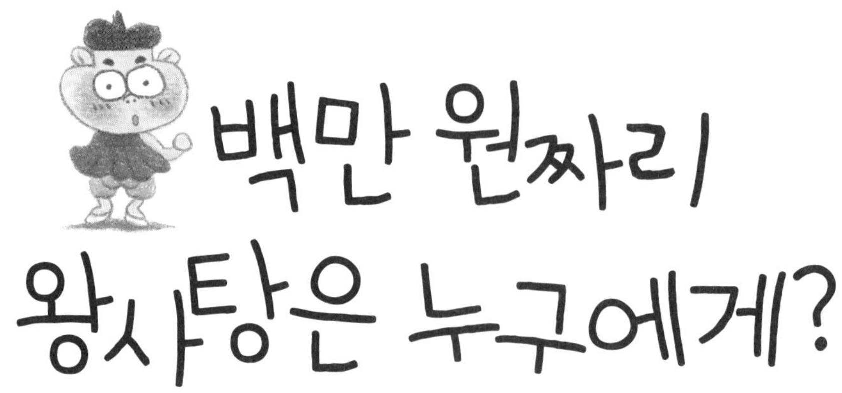

# 백만 원짜리 왕사탕은 누구에게?

이야기 속 수수께끼의 정답을 맞히고, 수수께끼 문제도 내 보세요.

국어 시간에 재미있는 수수께끼 놀이를 했어요. 한 사람이 수수께끼 문제를 내면 반 아이들이 답을 맞히는 놀이였어요. 빗자루 선생님이 먼저 수수께끼를 냈어요.

"아침엔 네 발로 엉금엉금 기어 다니고, 점심에는 두 발로 뚜벅뚜벅 걸어 다니고, 저녁에는 세 발로 뒤뚱뒤뚱 걸어 다니는 것은 뭐게?"

통통 공주가 답을 맞혔어요.

"＿＿＿＿＿＿＿＿ 이에요. 헤헤. 옆집 언니한테 들어서 답을 알고 있었어요."

답을 맞힌 통통 공주가 수수께끼를 낼 차례가 되었어요.

통통 공주가 아이들에게 수수께끼 문제를 설명했어요.

"겉은 매끌매끌하면서 둥그렇고, 속엔 노란 보름달이 들어 있어요. 이것은 무엇일까요?"

은별 공주가 답을 맞혔어요.

"그것은 바로 ______________ 입니다."

이번에는 은별 공주가 수수께끼 문제를 냈어요.

"빨간 주머니 속에 금화가 가득 들어 있는 것은 무엇일까요?"

아무도 답을 맞히지 못했어요. 그러자 은별 공주가 빗자루 선생님한테 물었어요.

"선생님도 모르세요?"

빗자루 선생님이 고개를 갸웃거리며 말했어요.

"모른다!"

"______________ 예요."

"그렇군. 아주 재미있는 수수께끼로구나."

아무도 맞히지 못해서 은별 공주가 다시 수수께끼를 냈어요.

"빨갛고 둥근 성 안에 맛있는 게 가득 들어 있어요. 그리고 그 성 한가운데에는 까만 보석이 여러 개 박혀 있어요. 힌트를 줄게요. 과일 종류입니다."

웬일인지 꿀꿀이 왕자가 답을 척 맞혔어요.

"나 그거 알아요. ____________ 예요."

"네, 정답입니다."

은별 공주가 슬쩍 웃고는 자리에 앉았어요.

이제 꿀꿀이 왕자가 수수께끼를 낼 차례가 되었어요.

"________________________________________

________________________________________"

그러자 우유 먹기 일등인 우유 왕자가 손을 번쩍 들더니 정답을 말했어요.

"정답은 '주전자'예요!"

어깨가 으쓱해진 우유 왕자가 다음 문제를 냈어요.

"________________________________________

________________________________________"

"________________________"

정답은 무엇이든 빨리빨리 해치우는 김 빠름이 바로 맞혔지요.

김 빠름이 문제를 낼 차례예요. 문제를 낼 때도 말을 어찌나 빨리 하는지, 아이들은 모두 눈만 끔벅였어요.

"김 빠름, 좀 천천히 또박또박 말해 봐라. 그래야 아이들이 문제를 알아듣고 맞히지."

빗자루 선생님이 타이르자, 김 빠름은 다시 문제를 냈어요.

“세상에서 가장 아름다운 개는?”

“선생님이 맞혀 보마. ‘무지개’다. 맞니?”

결국 김 빠름의 수수께끼 문제는 빗자루 선생님이 맞혔답니다.

수수께끼 문제 내기가 끝나자 빗자루 선생님은 칠판에 알쏭달쏭한 글자들을 썼어요.

“선생님이 지금 칠판에 쓴 이 글자들은 어떤 낱말들의 첫 자음만 따다가 쓴 거란다. 뭔지 알겠니?”

그러자 수수께끼 문제를 가장 잘 맞힌 은별 공주가 대뜸 나섰어요.

“정답은 ‘빗자루 선생님’이에요! 맞죠? 히히.”

“오냐, 맞다. 힌트를 주기도 전에 아주 잘 맞혔구나. 지금부터 글자의 첫 자음만 보고 정답을 맞혀 보자. 잘 생각해 봐라.”

“좀 어렵지? 힌트를 주마. 동화책 제목이란다. 주인공은 요정에게 받은 설탕을 차에 타서 부모님께 드렸다. 그랬더니 부모님이 자신의 말을 잘 들어 주게 되었지. 그 대신 부모님의 키가 손톱 크기로 줄어들었다는 내용이란다."

"저요! 저 알아요! '마법의 설탕 두 조각'이에요."

"딩동댕! 맞다. 잘했다, 통통 공주."

"다음은 누가 문제를 내 볼래? 문제를 가장 잘 낸 사람을 뽑아서 선물을 주겠다. 선물은 백만 원짜리 왕사탕이다."

아이들은 앞다투어 손을 들기 시작했어요. 모두들 백만 원짜리 왕사탕이 탐났으니까요.

백만 원짜리 왕사탕을 걸고 친구들이 문제를 냈어요. 어떤 문제가 가장 어렵나요? 한번 풀어 보세요. 그런 다음 정답이 들어가는 짧은 문장을 지어 보세요!

ㅇ ㄷ ㅎ 힌트: 달리기, 박 터뜨리기, 점심시간, 응원, 줄다리기

● 정답으로 짧은 문장을 지어 보세요.

ㄷ ㄷ 힌트: 우리나라 동쪽 끝에 위치한 섬이에요. 울릉도 옆에 있어요.

● 정답으로 짧은 문장을 지어 보세요.

ㄴ ㅇ ㅅ ㄸ ㅁ ㄱ 힌트: 아주 쉬운 일이라는 뜻의 속담

● 정답으로 짧은 문장을 지어 보세요.

# 나의 글쓰기

낱말 놀이를 많이 하면 글을 쓸 때 적당한 낱말이 쉽게 떠오릅니다. 끝말잇기를 해 볼까요? 친구가 말한 낱말 끝에 있는 글자로 시작하는 낱말을 찾는 놀이입니다.

끝말이 기차처럼 길게 이어졌어요! 그럼 끝말잇기에서 나온 낱말 가운데 하나를 골라서 짧은 문장을 지어 볼까요?

 어제 나는 실수로 꽈당 넘어졌다.

짧은 글을 많이 짓다 보면 긴 글도 쉽게 쓸 수 있어요. 이름으로 삼행시를 지어 보면 어떨까요? 이름이 한 글자면 이행시를 쓰면 돼요!

(통) 통통해서 통통 공주일까?
(통) 통통 튀어서 통통 공주일까?
(공) 공주는 공주니까,
(주) 주인공은 나야. 히히.

가로세로 낱말 맞히기를 해 봅시다. 문제를 보고 무슨 낱말인지 알아맞혀 보세요.

❶

| [1] 연 | | [2] |
|---|---|---|

| | | [3] 부 | | |
|---|---|---|---|---|

| [4] | | |
|---|---|---|

**1번 가로** : 검은색이에요. 모양은 가늘고 길어요. 연필 속에 들어 있어요.

**2번 세로** : 언니나 누나가 시키면 괜찮은데 동생이 시키면 좀 그래요.

**3번 가로** : 엄마와 아빠를 높여 부르는 말이에요.

**4번 가로** : 겨울이 되면 추녀나 처마 끝에 기다랗게 자라요.

이번에는 낱말에 관한 문제도 내고, 답도 풀어 보세요.

❷

| | | [1] 김 | 밥 |
|---|---|---|---|
| | | | |
| | [2] 자 | | [3] |
| | 린 | | |
| | [4] 고 | | |
| [5] 우 | 비 | | |

**1번 가로** : ______________________

**1번 세로** : 김치를 송송송 썰어서 밀가루에 묻혀 기름에 지진 둥글넓적한 음식이에요.

**2번 가로** : 어렸을 때는 바퀴 세 개, 자라서는 바퀴 두 개인 걸 타요!

**2번 세로** : ______________________

**3번 세로** : 식물이 잘 자라도록 땅에 주는 걸 말해요.

**4번 가로** : 자기 의견을 바꾸거나 고치지 않고 버티는 사람을 "이것이 세다!"라고 해요.

**5번 가로** : ______________________

# 시 외우기 시합

국어 시간에 시 외우기를 했어요. 제목은 〈새가 울어〉예요. 아이들은 다투어 시를 외우기 시작했어요. 시가 길지 않아 외워서 발표하는 게 그다지 힘들지는 않았어요.

## 새가 울어

엄마,

엄마!

내 콧구멍에서

새가 울어.

거짓말!

진짜야,

나

감기 걸렸어.

은별 공주가 가장 먼저 시 외우기를 통과했어요. 그래서 빗자루 선생님한테 칭찬을 들었어요.

두 번째로 나온 아이는 꿀꿀이 왕자였어요. 꿀꿀이 왕자는 잘 외우다가 한 군데 틀렸어요. 그래서 칭찬을 못 받고 그냥 자리로 들어갔어요. 꿀꿀이 왕자는 속이 상했어요.

세 번째로 나간 아이는 통통 공주였어요. 꿀꿀이 왕자는 통통 공주가 시 외우기를 통과하면 어쩌나 바싹바싹 속이 탔어요. 통통 공주가 통과하면 자기만 통과하지 못한 아이가 되니까요. 그래서 훼방을 놓았답니다.

"틀려라! 통통 공주, 틀려라!"

그 소리를 들은 빗자루 선생님이 신문지 회초리로 교탁 옆구리를 탕 친 다음 소리쳤어요.

"어떤 녀석이 훼방이야!"

놀란 꿀꿀이 왕자가 벌떡 일어났어요. 빗자루 선생님이 신문지 회초리를 들고 뚜벅뚜벅 다가갔어요. 꿀꿀이 왕자는 잽싸게 교실 뒤쪽으로 도망쳤어요. 가만히 앉아 있다가 혼나는 것보다 도망가는 게 낫다고 생각한 거지요.

빗자루 선생님이 신문지 회초리를 흔들며 으르딱딱거렸어요.

"도망가면 맞는다. 어서 네 자리로 돌아와."

꿀꿀이 왕자는 빗자루 선생님 표정을 살폈어요. 잘못했다고 말하면 용서해 줄 것 같았어요. 그래서 자리로 돌아가면서 말했어요.

"잘못했어요, 이제 안 그럴게요. 정말이에요."

빗자루 선생님은 꿀꿀이 왕자를 용서해 주었어요.

빗자루 선생님은 시 외우기가 끝나자 시를 써 보자고 했어요. 시를 잘 쓴 어린이 두 명이 뽑혔어요. 다음은 빗자루 선생님이 뽑은 시랍니다.

# 시 쓰기

시가 뭐예요, 선생님?

내가 보거나, 듣거나, 만지거나, 냄새를 맡거나, 무언가를 먹었는데, 어떤 느낌이 확 다가올 때가 있지? 그 느낌을 리듬이 있는 짧은 글로 쓴 게 바로 시란다.

시를 잘 쓰려면 어떻게 해요?

뭐든 자세히 보고, 자세히 듣는 게 중요해. 그냥 스치듯 지나가면 놓치는 느낌들이 많거든. 그래야 감기에 걸렸을 때 콧구멍에서 새가 운다는 시를 쓸 수 있단다. 너무 잘 쓰려고 하지 말고, 편안한 마음으로 솔직하게 쓰는 것도 중요하지.

어떤 시가 좋은 시예요?

시에서 어떤 장면이나 느낌을 표현했는데, 그 장면이 읽는 사람 머릿속에 그림처럼 잘 떠오르면 그게 바로 좋은 시란다. 말의 리듬이 살아 있고, '눈동자가 호수처럼 맑다.'와 같이 적절하게 비유법을 쓸 줄도 알아야 하지.

내 동생은 강아지처럼 장난꾸러기다!

오~, 멋지구나!

내 밥은 꿀처럼 달콤하다!
내 사탕은 눈처럼 녹는다!
밤은 초콜릿처럼 검다!

# 시계

박소현

공부할 때
시계는 느리게 간다.

놀 때는
시간 가는 줄도 모르고
시계는 빨리빨리 흘러간다.

놀 때는 늦게
공부할 때는 빨리
시간이 지나갔으면 좋겠다.

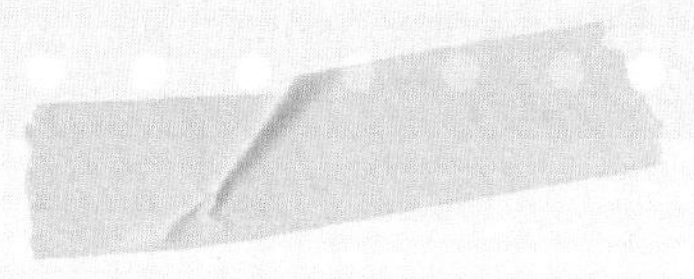

## 양파

강지수

양파, 양파, 매운 양파

한 입 먹으면 눈물 나고

두 입 먹으면 콧물 나고

너무 매운 양파.

세 입 먹으면 얼굴이 불타오르네.

네 입 먹자

아이고 매워.

물 마시자, 물!

여기에 소개한 시 두 편은 송언 선생님의 제자가 쓴 것입니다.

## 나의 글쓰기

시를 쓰려면 우선 글감을 찾아야 해요. 다음 낱말 중에서 나에게 특별한 것이 있나요? 한번 골라 보세요.

강아지 아이스크림 숙제 축구공 사과 봄비 수영장 컴퓨터 가족

기쁘다 슬프다 아름답다 행복하다 배고프다 간지럽다 부드럽다

강아지

이 낱말을 선택한 이유가 있나요?

나는 강아지가 좋다. 생일 선물로 강아지를 입양해 달라고 엄마 아빠를 조르고 있다.

위에 쓴 낱말을 작은 소리로 읽어 보세요. 어떤 느낌이 드나요?

털을 만지면 보들보들해서 마음도 보들보들해진다.

자, 이제부터 여러분은 시인이에요! 여러분이 방금 고른 낱말에 대한 시를 써 보세요. 시를 쓰는 건 어렵지 않습니다. 여러분의 느낌을 솔직하게 쓰면 돼요.

# 바통 떨어뜨리지 말라니까!

3교시가 시작되었어요.

아이들은 4층에 있는 체육관으로 올라갔어요. 체육관을 세 바퀴 돌고, 빗자루 선생님을 따라 맨손 체조를 하고, 곧바로 분단별 이어달리기 시합에 들어갔어요.

아이들이 가장 좋아하는 이어달리기 시합이에요. 1분단, 2분단, 3분단으로 나뉘어서 이어달리기 시합을 해요. 어른 손가락보다 약간 긴 딱풀이 바통이에요. 크기가 작아서 바통을 주고받을 때 떨어뜨리는 아이들이 꽤 있어요. 그래서 시합할 때마다 빗자루 선생님이 잔소리를 보탠답니다.

"바통 주고받을 때 정신 바싹 차려라. 아무리 빨리 달려도 바통을 떨어뜨리는 순간 꼴찌를 하게 되어 있으니까. 알았지?"

"알았으니까 빨리 시합해요!"

드디어 분단별 이어달리기 시합이 시작되었어요.

통통 공주와 꿀꿀이 왕자는 같은 3분단이에요. 아이들은 체육관이 떠나가라 고래고래 소리를 지르며 자기 분단을 응원했어요. 3분단이 1등, 2분단이 2등, 1분단이 3등으로 달리고 있을 때였어요. 통통 공주가 반환점을 찍고 돌아올 때, 꿀꿀이 왕자는 바통을 받기 위해 기다리고 있었어요. 가슴이 쿵쾅쿵쾅 뛰었지요.

통통 공주는 1등으로 달리고 있어 기분이 너무 좋았어요. 그래서 꿀꿀이 왕자에게 바통을 넘길 때, 체육관 바닥에서 슬라이딩을 했어요. 바통을 주고받을 때 멋지게 슬라이딩을 하면 기분이 더 좋거든요.

그런데, 아뿔싸!

바통이 떨어져 엉뚱한 곳으로 데굴데굴 굴러갔어요. 꿀꿀이 왕자는 헐레벌떡 뛰어가 바통을 주웠어요. 그러고는 열심히 달렸지요. 하지만 그사이에, 3분단은 1등에서 꼴등으로 뒤처져 버렸어요.

꿀꿀이 왕자는 몹시 화가 났답니다.

달리기 시합이 끝나자마자 통통 공주에게 다가가 막 화내며 따졌어요. 그러자 누구나 실수할 수 있는 걸 가지고 너무 따지지 말라면서, 통통 공주가 두 눈을 동그랗게 뜨고 대들었어요. 그냥 미안하다고 사과했으면 끝날 수도 있는 일이었을 텐데요.

그 바람에 꿀꿀이 왕자와 통통 공주는 계속 티격태격 싸웠답니다.

교실에 들어와서도 통통 공주와 꿀꿀이 왕자는 씩씩거리며 쪽지를 주고받았어요. 그 내용은 다음과 같답니다.

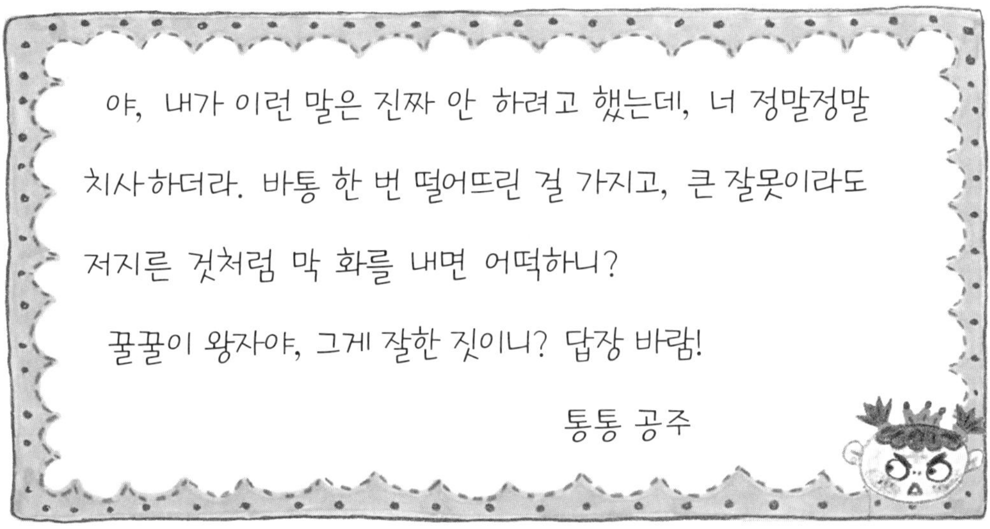

야, 내가 이런 말은 진짜 안 하려고 했는데, 너 정말정말 치사하더라. 바통 한 번 떨어뜨린 걸 가지고, 큰 잘못이라도 저지른 것처럼 막 화를 내면 어떡하니?

꿀꿀이 왕자야, 그게 잘한 짓이니? 답장 바람!

통통 공주

바통을 떨어뜨린 게 자랑은 아니잖아. 너 때문에 일 등으로 달리다가 우리 분단이 꼴찌를 했잖아! 이상.

꿀꿀이 왕자

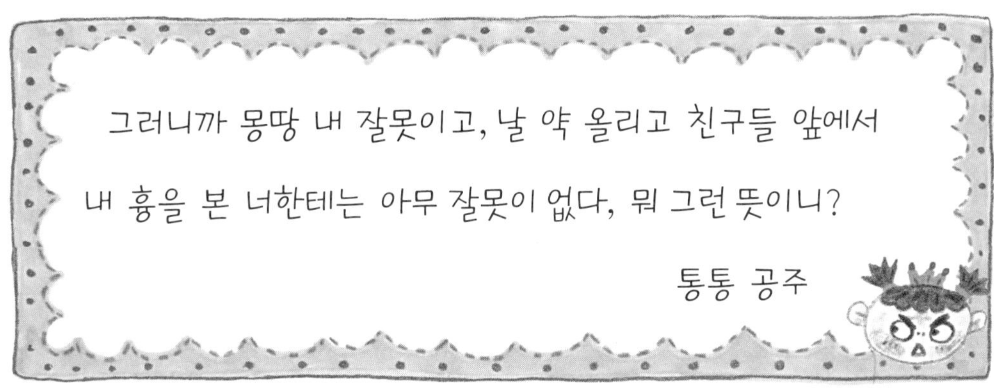

그러니까 몽땅 내 잘못이고, 날 약 올리고 친구들 앞에서
내 흉을 본 너한테는 아무 잘못이 없다, 뭐 그런 뜻이니?
통통 공주


다행히 통통 공주와 꿀꿀이 왕자는 화해를 했어요. 두 사람이 어떻게 화해를 하게 되었는지 여러분이 통통 공주와 꿀꿀이 왕자가 되어 쪽지를 주고받아 보세요.

꼴등으로 밀려난 3분단 덕분에 1등이 된 2분단 아이들은 신이 났어요.

2분단의 은별 공주는 김 빠름을 흘낏 쳐다봤어요. 매일 뭐든지 대충대충 빨리 해치워서 빗자루 선생님한테 혼날 때가 많았지만, 오늘만큼은 빠른 게 나쁘지 않았거든요. 오히려 다람쥐처럼 날쌘 모습이 멋져 보였어요.

은별 공주는 큰맘 먹고 김 빠름에게 짧은 편지를 썼어요. 달리기를 잘했다고 칭찬해 주고 싶었거든요. 그리고 다른 건 좀 천천히 하고 달리기만 빨리 하는 게 좋겠다는 말도 꼭 전해 줄 거예요.

김 빠름에게

김 빠름은 은별 공주의 짧은 편지를 읽고 기분이 좋았어요. 새침한 은별 공주가 이런 편지를 보내다니. 흔한 일이 아니었죠. 우쭐해진 김 빠름은 편지를 잘 접어 필통 밑에 숨겼어요. 누가 보면 분명 은별 공주랑 사귄다고 놀릴 게 틀림없거든요. 그런데, 그때 김 빠름의 눈에 꼴등 분단이 되어 잔뜩 화가 난 꿀꿀이 왕자가 눈에 들어왔어요. 김 빠름은 꿀꿀이 왕자를 위로하는 쪽지를 쓰기로 했답니다. 꼴등을 한 게 꼭 나쁜 것만은 아니라는 말을 써 줄 거예요.

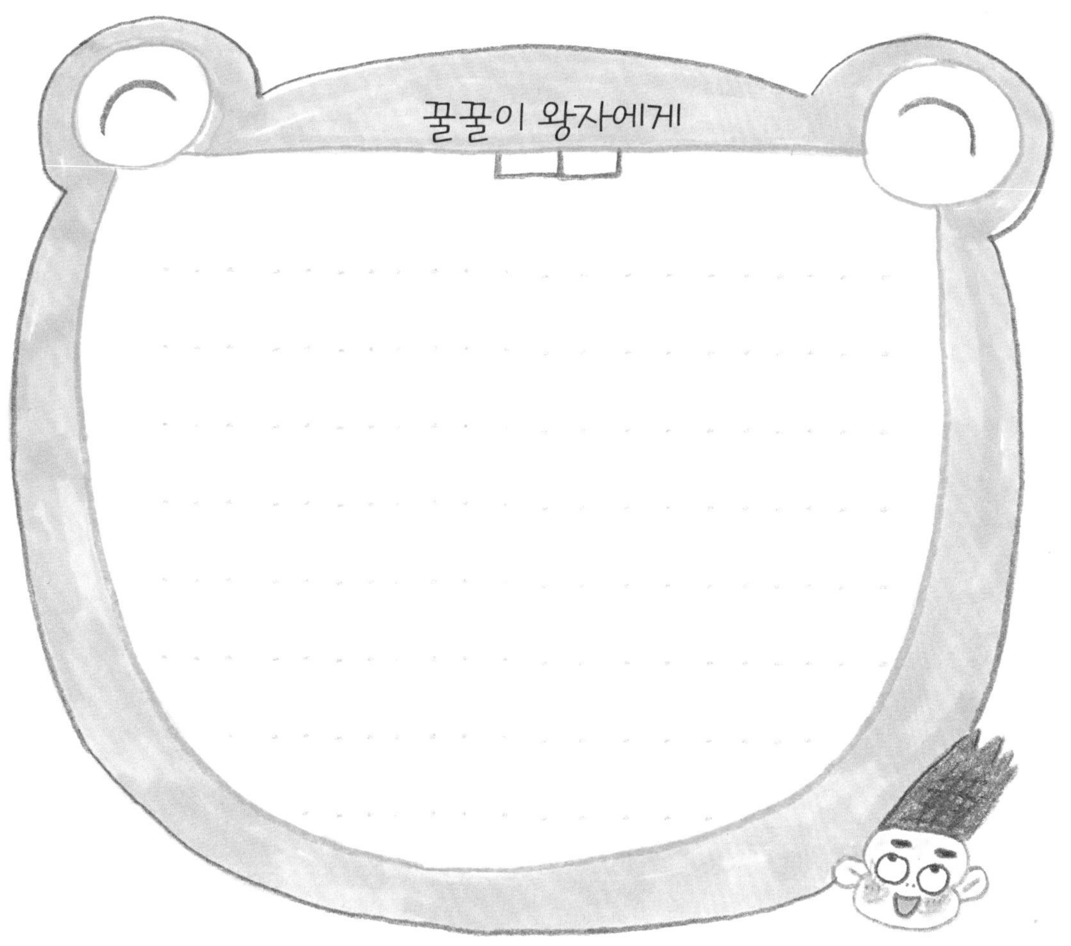

## 나의 글쓰기

자, 이제 친구들에게 하고 싶은 말을 쪽지에 담아 보세요. 혹시 미안하다는 말을 하고 싶은 친구가 있나요? 한바탕 싸우고 나서 서먹서먹해진 친구가 있다면 그 친구에게 미안하다고, 이제 다시 친하게 지내자고 쪽지를 써 보세요.

친구가 새로 산 책을 빌려 달라고 부탁을 해요. 하지만 나는 내가 먼저 보고 며칠 뒤에 빌려주고 싶어요. 그래서 친구의 부탁을 기분 나쁘지 않게 거절하는 쪽지를 쓰기로 했지요. 어떻게 해야 친구의 부탁을 잘 거절할 수 있을까요?

사과하는 글을 쓸 때는, 어떤 점이 미안했는지 정확하게 쓰고 나서 진심을 담아서 미안하다고 써야 해. 거절을 할 때는 내가 왜 거절하는지 이유를 자세하게 써야 하지. 그래야 친구의 기분이 상하지 않거든.

이메일은 컴퓨터로 보내는 쪽지이자 편지예요. 매일매일 이메일을 확인하는 빗자루 선생님께 이메일을 써서 보내 보세요. 쪽지 쓰는 활동이 재미있었는지, 아니면 어려웠는지 써 보세요. 그리고 빗자루 선생님께 하고 싶은 말도 쓰고요.

받는 사람 : 빗자루 선생님

제목 :

이메일을 쓸 때는 자기 이름을 꼭 써야 해.



부모님께 이메일을 써 볼까요? 부모님께 꼭 하고 싶었던 말을 이 종이에 우선 정리해서 쓴 다음에, 부모님께 직접 이메일을 써 보세요. 아마 부모님이 깜짝 놀라실 거예요. 이름 쓰는 것, 잊지 말고요!

받는 사람 :

제목 :

부모님께 보내는 글을 쓸 때는 말이지. 부모님을 감동시키는 게 아주 중요해. 부모님을 감동시키면 자다가도 떡이 생긴단다.

# 꿀꿀이 왕자 때문에 못 살아!

동물원으로 봄 소풍을 갔어요. 관광버스를 타고 갔어요. 동물원에 도착하자 통통 공주네 반 아이들은 짝꿍과 손을 꼭 잡았어요. 빗자루 선생님이 이렇게 말했거든요.

"짝꿍 손 절대로 놓지 마라."

그래서 통통 공주는 짝꿍 꿀꿀이 왕자의 손을 꼭 잡았답니다. 그런데 꿀꿀이 왕자는 손잡고 다니는 게 갑갑했나 봐요. 동물원 구경을 할 때 통통 공주의 손을 왈딱 뿌리쳤어요. 꿀꿀이 왕자는 "야, 호랑이다!" 하고는 호랑이가 잘 보이는 곳으로 뛰어갔어요. 통통 공주는 꿀꿀이 왕자를 뒤따라가며 소리쳤어요.

"야, 선생님이 손잡고 다니라고 했잖아. 손잡아!"

동물원

그래도 꿀꿀이 왕자는 제멋대로였어요. 원숭이를 볼 때도 손을 놓고 먼저 뛰어갔어요. 사자를 볼 때도, 치타를 볼 때도 손을 놓고 앞으로 뛰어갔어요. 아프리카 도마뱀을 볼 때도 마찬가지였어요. 그때마다 통통 공주는 꿀꿀이 왕자를 쫓아다니느라 힘이 쪽 빠졌어요. 그러다가 돌고래와 물개가 쇼를 하는 실내로 들어갔어요. 아이들은 모두 자리에 앉았어요. 꿀꿀이 왕자도 얌전히 앉아서 돌고래 쇼와 물개 쇼를 구경했어요. 그래서 통통 공주는 마음이 좀 편안해졌답니다.

점심을 맛있게 먹고, 또다시 동물원 구경을 했어요. 꿀꿀이 왕자는 자꾸만 잡은 손을 놓았어요. 그때마다 통통 공주는 꿀꿀이 왕자를 쫓아다니느라 힘이 들었어요. 관광버스를 타고 집으로 돌아올 때까지요. 재미도 있었지만 통통 공주에겐 아주 힘든 봄 소풍이었답니다.

다음 날, 수업 시간에 빗자루 선생님이 말했어요.

"어제 소풍 즐거웠지요? 오늘은 어제 소풍 가서 본 동물원 모습을 그리거나, 어제 보고 느낀 것을 글로 쓰거나, 두 가지 중에 하나를 골라 해 볼 거예요. 각자 스케치북이나 글쓰기 공책을 꺼내세요."

그림 그리기를 좋아하는 은별 공주는 스케치북을 펼쳤어요. 어제 본 동물들을 떠올리며 그림을 그리기 시작했답니다. 가장 먼저 돌고래를 그리고 있는데, 옆에 앉은 짝꿍이 치타를 그린다며 낑낑대고 있어요. 그런데 은별 공주가 보기에 친구가 그린 것이 고릴라인지 원숭이인지 영 구분이 안 될 만큼 형편없었어요.

친구를 위해 팔을 걷어붙이고 나선 은별 공주.

은별 공주는 내친김에 동물원에서 본 동물들을 스케치북 가득 그리고, 하나하나 생김새를 글로 썼어요.

꿀꿀이 왕자는 동물원 구경이 무척 좋았어요. 세상에는 신기한 동물들이 아주 많은 것 같았어요. 하지만 짝꿍인 통통 공주가 졸졸졸 쫓아다니는 바람에 좀 성가셨어요. 통통 공주는 꿀꿀이 왕자에게 손을 잡자고 여러 번 불렀다는데, 꿀꿀이 왕자는 신기한 동물 구경에 빠져 통통 공주의 목소리가 귀에 들리지 않았답니다.

꿀꿀이 왕자와 통통 공주는 동물원에 가서 본 것과 느낀 점을 글로 쓰기로 했어요.

## 은별 공주의 글쓰기

은별 공주가 스케치북에 그린 그림이에요. 동물을 자세히 관찰하고 모양이나 크기, 색깔 등의 특징을 그림을 그리듯 자세히 써 보세요.

도마뱀

- 도마뱀은 다리가 모두 네 개이다.

  도마뱀은 눈이 튀어나와 있다.

  도마뱀은 ______________________.

낙타

- 낙타는 등에 혹이 있다.

  낙타는 ______________________.

  낙타는 ______________________.

## 빗자루 선생님께 물어보자! 관찰하는 글 쓰기

선생님, 호랑이는 줄무늬가 있는데, 사자는 없어요!
꿀꿀이 왕자야, 잘했어! 지금 꿀꿀이 왕자가 호랑이와 사자의 다른 점을 찾아낸 거야. 그렇다면 호랑이와 사자의 비슷한 점은 뭐가 있을까?

둘 다 다리가 네 개이고 꼬리가 있어요!

이번에는 그림을 보고 비슷한 점과 다른 점을 찾아서 글로 쓰는 활동이에요.
생김새부터 느낌까지, 내가 찾은 비슷한 점과 다른 점을 글로 써 보세요!

원숭이

고릴라

- 고릴라와 원숭이는 모두 팔다리가 있다.

  고릴라와 원숭이는 모두 ____________.

  고릴라는 검은색인데, 원숭이는 갈색이다.

  고릴라는 ____________,

  원숭이는 ____________.

통통 공주

꿀꿀이 왕자

- 통통 공주와 꿀꿀이 왕자는 모두 어린이다.

  통통 공주와 꿀꿀이 왕자는 모두 ____________.

  통통 공주는 여자아이이고, 꿀꿀이 왕자는 남자아이이다.

  통통 공주는 ____________,

  꿀꿀이 왕자는 ____________.

이렇게 특징을 자세히 살펴보는 걸 '관찰'한다고 해. 그런 다음, 같은 점이 무엇인지, 다른 점은 무엇이 있는지 살펴보는 걸 '비교'라고 한단다.

선생님, 통통 공주와 저는 둘 다 통통해요! 맞죠?
그렇지만 난 너처럼 장난꾸러기는 아니야!

그래, 그래! 둘 다 맞다!

# 꿀꿀이 왕자 때문에

꿀꿀이 왕자 때문에 정말정말 힘든 소풍이었습니다. 꿀꿀이 왕자는 자꾸만 내 손을 놓고 앞으로 뛰어갔습니다.

"야, 선생님이 손잡고 다니라고 했잖아. 손잡아!"

이렇게 소리쳐도 꿀꿀이 왕자는 내 말을 듣지 않았습니다. 점심 먹을 때까지 정말 힘들었습니다.

점심 먹고 다시 동물원 구경을 했습니다. 동물원 안내를 해 주는 선생님이 낙타 우리 앞에서 낙타에 대해 설명해 주었습니다.

"여러분, 이쪽에 있는 낙타를 보세요. 등에 혹이 하나 있지요? 단봉낙타랍니다. 저쪽에 있는 낙타를 자세히 보세요. 등에 혹이 둘 있지요? 쌍봉낙타랍니다. 같은 낙타라도 혹의 개수는 달라요. 그런데 말이죠, 비슷한 점도 있어요. 낙타는 모두 눈을 감고도 앞을 볼 수 있대요. 되게 신기하죠?"

그때 나도 모르게 소리쳤습니다.

"아니요!"

안내를 해 주는 선생님이랑 아이들 모두가 나를 쳐다보았습니다. 나는 재빨리 말했습니다.

"제 짝꿍 꿀꿀이 왕자가 자꾸 손을 놔요. 꿀꿀이 왕자를 따라다니느라 다리도 아프고 힘들어 죽겠어요."

그랬더니 아이들이 "와, 하하하!" 웃었습니다.

재미있었지만 꿀꿀이 왕자 때문에 참 힘든 소풍이었습니다.

그렇지만 내일 또 소풍 간다고 하면, 나는 또 가고 싶습니다. 그 대신 선생님한테 이렇게 부탁할 겁니다.

"선생님, 저 꿀꿀이 왕자랑 짝꿍 하기 싫어요. 너무 힘들어요. 소풍 갈 때만 짝꿍 바꿔 주시면 안 돼요?"

정말 힘이 들었구나, 통통 공주야!
그런데 꿀꿀이 왕자는 너랑 짝꿍 하는 걸 좋아하는데 어떻게 하지?

동물을 좋아하는 꿀꿀이 왕자는 다양한 동물을 관찰하고 글로 표현했어요. 꿀꿀이 왕자의 봄 소풍 글을 완성해 보세요.

제목: ______________________

동물원은 정말 대단하다. 백과사전과 텔레비전에서 보던 동물들을 실제로 볼 수 있다. 나는 정말 동물이 좋다.

물개는 ______________________

______________________

치타는 ______________________

______________________

낙타에 넋을 놓고 있는데, 통통 공주가 번쩍 손을 들더니 내가 손을 자꾸 놔서 힘들다고 했다! 하지만 나는 신나고 재미있는 소풍이었다!

## 나의 글쓰기

글을 쓴다는 건 추억을 담아 놓는 것과 같아요. 소풍에 관련된 잊을 수 없는 나의 추억을 하나하나 꺼내어 적어 봅시다.

- 가장 기억에 남는 소풍은 언제였나요?

- 그날 무엇을 보았나요? 자세하게 써 보세요.

- 그날 가장 재미있었던 일은 무엇인가요?

- 소풍에 관해서 짧은 글을 지어 보세요.

# 어버이날

오늘은 5월 7일이에요. 다 알고 있듯이 어버이날 하루 전날이지요. 이때쯤 학교에서는 하는 일이 하나 있답니다. 해마다 하는 일인데, 그것은 바로 부모님께 감사 편지를 쓰는 것이랍니다.

어제 빗자루 선생님은 알림장을 통해 아이들에게 일러 주었어요. 편지지와 편지 봉투를 꼭 준비해 오라고요.

마침 재량 활동 시간이 들어 있어, 부모님께 감사 편지 쓰는 시간을 갖기로 했답니다. 하지만 어떤 아이도 주저 없이 편지를 쓰지는 못했어요. 할 말은 많아도 글로 쓰려면 망설이게 되잖아요. 아이들은 두 눈을 말똥거리며 이리저리 머리만 굴리고 있었어요.

빗자루 선생님은 안타까웠어요. 무조건 쓰라고 윽박지르면 좋은 글이

안 나올 게 뻔하니까요. 그때였어요. 통통 공주가 손을 들고 말했어요.

“선생님, 저는 어젯밤에 편지를 썼어요. 그런데 또 써야 해요?”

빗자루 선생님이 다정하게 물었어요.

“그 편지 부모님께 드렸니?”

“아니요, 어버이날이 내일인데 미리 드리면 안 되잖아요.”

“통통 공주가 쓴 편지 지금 갖고 있니?”

“네, 제 가방 안에 있어요.”

“그거 아주 반가운 소식이로구나. 통통 공주가 부모님께 쓴 편지를 아이들에게 읽어 주는 거 어때? 우리 반 친구들이 들으면 좋은 참고가 될 거야. 막힌 생각을 통통 공주가 뻥 뚫어 줄 수도 있고! 괜찮겠지?”

통통 공주는 머뭇거리다가 가방에서 편지를 꺼내면서 말했어요

“저는 창피해서 못 읽겠어요. 선생님이 대신 읽어 주세요, 네?”

빗자루 선생님은 통통 공주의 부탁을 흔쾌히 받아들였어요.

“오냐, 선생님이 대신 읽어 주마.”

빗자루 선생님은 통통 공주가 쓴 편지를 펼쳐 들고 읽기 시작했어요. 두 눈을 댕글댕글, 두 귀를 쫑긋쫑긋하며, 아이들은 통통 공주가 쓴 편지를 귀담아들었답니다.

## 사랑하는 부모님께

엄마, 아빠 사랑해요. 이 편지를 쓰는 저는, 엄마 아빠의 딸 통통 공주예요. 어버이날이라고 내일 학교에서 편지를 쓰기로 했는데, 저는 그냥 오늘 쓰려고 해요. 하고 싶은 말들이 막 떠올라서 그래요.

엄마, 아빠 많이 힘드시죠?

엄마랑 아빠랑 아침 일찍 직장에 가셔야 하니까요. 아침마다 엄마, 아빠가 헐레벌떡 직장에 가는 모습을 보면 마음이 많이 아파요. 엄마, 아빠가 편안하게 살았으면 좋겠다는 생각이 들어요.

우리 집엔 식구가 많아서 엄마 아빠가 힘드시죠? 할아버지랑 할머니가 계시고 결혼하지 않은 삼촌도 같이 살잖아요. 나만 보면 뚱뚱하다고 놀리는 삼촌 말이에요. 할머니는 통통해서 귀엽다고 하는데, 참 못 말리는 삼촌이에요.

개구쟁이 동생 민석이도 엄마, 아빠를 힘들게 하는 거 알아요. 그렇지만 엄마, 아빠가 나보다 동생 민석이를 더 사랑하는 것도 알고 있어요. 난 괜찮아요. 할머니가 몰래 내 편을 들어 주시니까요. 가끔은 할아버지도요.

엄마, 아빠 어버이날 하루만이라도 푹 쉬세요. 그리고 저녁때 우리 식구 몽땅 밖에 나가서 맛있는 거 먹어요. 좋은 날이잖아요. 저는 엄마, 아빠 딸이어서 정말정말 행복하답니다.

어버이날을 맞아 통통 공주 올림 

빗자루 선생님이 통통 공주의 편지를 다 읽고 나자 아이들이 "와아!" 함성을 지르며 박수를 쳐 주었어요.

통통 공주는 부끄러워 고개를 숙였어요. 빗자루 선생님이 왕사탕을 꺼내 통통 공주에게 선물로 주었어요. 아이들은 신바람이 나서 부모님께 보내는 편지를 쓰기 시작했답니다.

## 나의 글쓰기

속마음은 그렇지 않은데, 평소에는 고맙다는 말을 전하기가 쉽지 않아요. 어버이날은 여러분의 마음을 전달할 수 있는 좋은 기회입니다. 엄마에게 감사 편지를 써 볼까요?

사랑하는 엄마 보세요.

이번에는 아빠에게 편지를 쓸 차례예요. 평소에 아빠에게 하지 못했던 말이 있다면 오늘 편지를 써서 드려 보세요. 사랑한다는 말도 잊지 말고요!

사랑하는 우리 아빠에게

# 학교 화장실에서 똥 누기

꾸르륵, 꾸르륵!

수업이 끝나려면 5분이나 남았는데 꿀꿀이 왕자 배 속에서 난리가 났어요. 꿀꿀이 왕자는 어떻게든 참아 보려고 두 다리로 가위표를 만들며 몸을 비틀었어요. 배 속에서 금방이라도 전쟁이 터질 것 같았어요. 계속 참는다는 건 미련퉁이 같은 짓이었어요.

"선생님……."

빗자루 선생님이 꿀꿀이 왕자를 쳐다보았어요.

"무슨 일이냐?"

"화장실이 급해요!"

아이들이 까르르 웃었어요. 빗자루 선생님이 후딱 다녀오라고 했어요.

꿀꿀이 왕자는 교실 뒷문을 열고 뒤뚱뒤뚱 화장실로 갔어요. 깜빡, 힘이 풀리면 바지에 똥을 싸 버릴지도 모르니까요.

화장실은 텅 비어 있었어요. 소변기 앞에서 오줌 누는 아이도 없고, 큰일을 보는 곳도 쥐 죽은 듯이 고요했어요. 꿀꿀이 왕자는 가운데 칸으로 들어가 허리띠를 풀고 잽싸게 주저앉았어요.

그때 쉬는 시간을 알리는 종소리가 울려 퍼졌어요. 꿀꿀이 왕자는 서둘러 문을 잠갔어요. 금방이라도 쏟아져 나올 것 같던 똥이 쏙 들어가 버렸어요. 갑자기 화장실 안이 시장처럼 시끌벅적해졌어요.

"야, 똥 싸고 있냐?"

"꿀꿀이 왕자, 똥 싸고 있냐고?"

반 아이들의 목소리였어요. 꿀꿀이 왕자의 등에서 식은땀이 죽죽 흘러내렸어요. 간이 곶감처럼 쪼글쪼글해졌어요.

바로 그때였어요.

"푸데덱! 푸데덱!"

천둥소리를 내며 똥이 쏟아져 나왔어요.

이걸 어떻게 하지요?

이 이야기는 송언 동화 〈마법사 똥맨〉에서 일부를 가져와 고쳐 쓴 것입니다.

## 빗자루 선생님께 물어보자!
# 이어서 쓰기

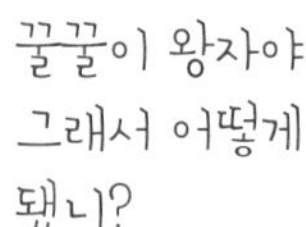
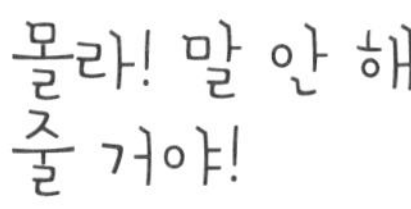
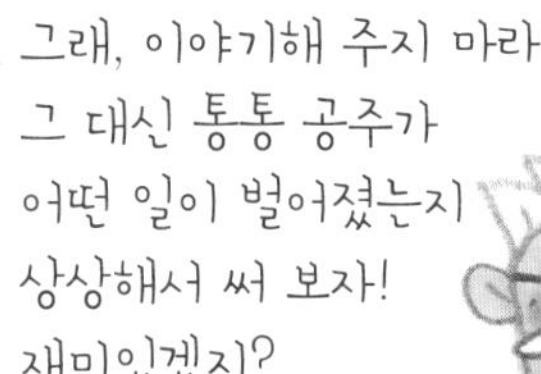

꿀꿀이 왕자야, 그래서 어떻게 됐니?
몰라! 말 안 해 줄 거야!
그래, 이야기해 주지 마라. 그 대신 통통 공주가 어떤 일이 벌어졌는지 상상해서 써 보자! 재미있겠지?

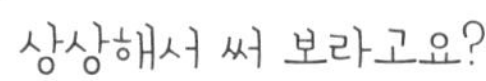

상상해서 써 보라고요?
장난꾸러기 꿀꿀이 왕자가 이런 일을 당했을 때는 어떻게 할까 생각해서 글을 써 보렴. 아니면 꿀꿀이 왕자가 당한 일이 내 일이라고 생각하면서 글을 쓰는 것도 좋단다. 더 신나게 글을 쓸 수 있을 거야.
저는 집에 갈래요!

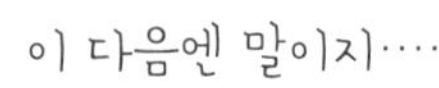

이 다음엔 말이지…….
낄낄낄
킥킥킥
히히
쿡쿡
뭐야~, 마음대로 쓰지 마!!!

## 나의 글쓰기

꿀꿀이 왕자의 화장실 사건은 여기서 끝이 아니에요. 과연 화장실에서는 어떤 일이 또 벌어질까요? 꿀꿀이 왕자가 당한 일이 내 일이라고 생각하고, 글을 이어서 써 보세요.

## 나의 글쓰기

토끼가 낮잠을 자는 바람에 달리기 시합에서 거북이에게 졌습니다. 토끼는 몹시 속상했습니다. 다시는 낮잠을 자지 않겠다고 마음먹고는 오대산 산신령을 찾아가 부탁했습니다. 거북이랑 한 번 더 달리기 시합을 하고 싶다고요. 오대산 산신령이 허락해 주었습니다. 탕! 드디어 두 번째 달리기 시합이 시작되었습니다.

토끼와 거북이의 두 번째 달리기 시합에서는 어떤 결과가 나왔을까요? 여러분이 마음껏 상상력을 발휘하여 이어질 내용을 써 보세요.

책을 읽고 '내가 만약 주인공이라면?' 하고 생각할 때가 종종 있습니다. 심청이 이야기를 읽고도 그런 생각을 할 수 있지요. 자, 오늘은 심청이가 뱃사람에게 팔려 가는 날입니다. 드디어 아침이 밝았습니다. 아버지의 눈도 뜨게 하고, 심청이도 살 수 있는 방법은 없는 걸까요?

내가 만약 심청이라면 이제부터 어떻게 해야 할까요? 누구도 생각하지 못한 기발한 방법을 찾아 글로 써 보세요.

# 수영장에 간 날

오늘은 수영장에 가는 날이에요. 꿀꿀이 왕자는 신이 났답니다. 수영 가방에 과자랑 음료수를 넣고 신나게 학교에 갔어요. 그런데 빗자루 선생님이 수영장에 갈 생각을 안 하고, 아침부터 신문만 보고 있는 거예요.

꿀꿀이 왕자가 살금살금 다가가 물었어요.

"선생님, 오늘 수영장 가는 날이잖아요. 선생님은 수영장에 안 가요?"

빗자루 선생님이 무뚝뚝하게 대답했어요.

"당연히 간다. 제자들이 다 가는데 선생님만 안 가는 게 말이 되니?"

"그런데 왜 신문만 보고 있어요?"

"조금 있다가 갈 거니까. 아직 시간이 좀 남았단다."

그래도 꿀꿀이 왕자는 마음이 급했어요.

"조금 있다가 언제 가요?"

"조금 있다가 9시 넘으면 출발할 거야."

"알았어요. 그렇지만 저는 빨리 갔으면 좋겠어요."

"오냐, 조금만 더 기다려라. 시간 되면 출발한다."

그리고 빗자루 선생님은 또 신문만 보았어요. 꿀꿀이 왕자는 자리에 앉지도 못한 채 안절부절못하며 시간이 가기를 기다렸어요.

드디어 9시를 알리는 종이 울렸어요. 신문만 보고 있던 빗자루 선생님이 벌떡 일어났어요. 그래서 아이들은 학교를 떠나 랄랄라 수영장으로 갔어요.

꿀꿀이 왕자는 친구들이랑 신나게 물놀이를 했어요. 무더위에 지친 몸이 한결 가벼워진 것 같았답니다.

# 신나는 물놀이

오늘 학교에서 야외 수영장으로 물놀이를 갔다. 나는 어제저녁 때부터 설레어서 과자도 사고 음료수도 샀다.

수영장에 도착해서 옷을 갈아입을 때, 아이들은 서로 고추를 안 보여 주려고 등을 돌리며 되게 부끄러워했다. 그럴 줄 알고, 나는 아침에 집에서 수영복을 입고 왔다. 물론 갈아입을 속옷은 가방 속에 있다. 이히히.

수영을 시작하고 나서야 '아차!' 했다. 튜브가 있어야 더 재미있게 놀 수 있는데, 집에 놓고 온 것이다. 그렇지만 내가 누군가. 나는 친구들 튜브를 빼앗아 가지고 놀았다. 튜브를 타고 노니까 더 재미있었다. 통통 공주를 튜브에 태우고 이리저리 다니고 싶었는데, 다른 아이들이 놀릴까 봐 꾹 참았다.

한참 놀고 있는데 한 친구가 미끄럼틀을 타러 가자고 했다. 미끄럼틀은 아나콘다처럼 구불구불 아래쪽으로 기다랗게 늘어져 있었다. 바닥에는 졸졸졸 물이 흘렀다. 나랑 친구들은 차례차례 "야호, 출발이다!" 하고 미끄럼틀을 탔다. 속도가 굉장히 빨라서 기분이 좋았다. 물과 함께 미끄러져 내려가는데 이상하게 똥꼬가 간질간질했다. 친구들도 똥꼬가 간지럽다며 우헤헤 웃고 떠들고 난리가 났다.

간식으로 싸 온 음료수와 엄마가 싸 준 김밥을 먹었다. 수영을 하고 나서 먹으니까 훨씬 맛있었다. 참 즐거운 하루였다.

꿀꿀이 왕자가 쓰는 글을 빤히 지켜보던 통통 공주는 나중에 커서 꼭 멋진 수영장을 운영하는 사장님이 되겠다고 결심했어요. 그러면 수영장 미끄럼틀을 하루 종일 마음대로 탈 수 있으니까요. 통통 공주는 꿀꿀이 왕자도 공짜로 태워 주기로 했어요. 생각해 보니 혼자 타는 건 심심할 것 같았거든요. 통통 공주는 수영장을 운영하는 사장님이 된 자신의 모습을 상상하며 그림을 그리기 시작했어요.

그리고 내친김에 사람들이 많이 놀러 올 수 있도록 멋진 수영장 이름과 광고 문구도 적어 보기로 했답니다.

## 나의 글쓰기

통통 공주의 수영장을 알리는 광고문이에요. 아이들이 좋아할 만한 멋진 수영장을 상상해 보세요. 어떻게 홍보하면 사람들이 많이 몰려들까요? 재미있는 이름과 문구를 만들어 보세요!

### 아이들을 위한 통통 공주의 ______ 수영장

이 수영장에서만 볼 수 있는 최고의 시설을 소개합니다.

- 아나콘다 미끄럼틀! 아나콘다처럼 길고 구불구불한 미끄럼틀입니다. 속도가 기가 막히게 빨라요.

- ______ 분수
  절대로 마르지 않는 음료수 분수가 있어요.

- ______ 파도 타기!
  100층 건물만 한 높이의 거대한 파도를 만날 수 있어요.

어린이를 위한 특별 서비스가 있어요.

- 학교 가기 싫은 날에 쓰는 무료 입장권!

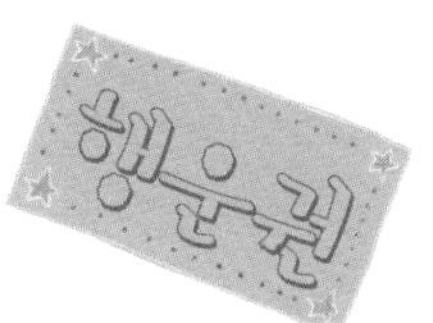


- ____________ 날에 쓰는 행운권

- ____________

광고하는 글은 사람의 마음을 사로잡는 글이야. 수영장 광고문을 쓸 때는 이런 질문을 던져 보렴. 이곳의 장점과 특징은 뭘까? 어떤 이야기를 쓰면 사람들이 여기에 꼭 오고 싶다는 생각이 들까?

꼭 지켜야 하는 안전 수칙을 알려 드립니다.

- 아나콘다 미끄럼틀을 탈 때는 수영 안경을 꼭 쓰세요. 그렇지 않으면 너무 놀라서 눈이 튀어나올지도 몰라요.

- 분수에서 음료수를 마실 때는 ____________

- ____________

# 여름방학

여름방학이 시작되자 통통 공주는 심심했어요.

엄마를 따라 시골에 있는 외할아버지 댁에 놀러 갔어요. 식구들이 마당에 있는 평상에 둘러앉아 맛있게 저녁을 먹었어요.

캄캄한 밤이 되자 하늘에 별들이 엄청나게 많이 떴어요. 통통 공주는 별이 그렇게 많은지 처음 알았어요. 마당으로 와그르르 쏟아져 내릴 것만 같았어요.

별을 헤아리며 놀고 있는데, 시골에는 모기가 독해서 위험하다며 엄마가 방 안에 모기장을 쳐 주었어요. 모기장 안에 들어가 누우니까, 잠이 솔솔 쏟아져서 금세 꿈나라로 떠났어요.

다행히 모기에 안 물리고 잠을 잘 자고 일어났어요.

늦은 아침을 먹고, 외삼촌 차를 타고 계곡물이 시원하게 흘러 내리는 곳으로 갔어요. 아이들은 계곡에서 물놀이를 했고, 어른들은 나무 그늘에 돗자리를 펴고 앉아 도란도란 이야기를 나누었어요.

두 시간쯤 지나서 계곡 입구에 있는 포도밭으로 자리를 옮겼어요. 포도밭 가장자리에 있는 벽 없는 이층집에 올라가 앉았는데, 기분이 되게 이상했어요. 통통 공주가 엄마에게 물었어요.

"엄마, 이 집에 왜 벽도 없고 창문도 없어?"

엄마 옆에 있던 외삼촌이 허허허 웃으며 말했어요.

"통통 공주가 원두막에 처음 와 보는구나. 벽 없는 이층집을 시골에선 원두막이라 부른단다."

벽 없는 이층집으로 시원한 바람이 불어왔어요. 거기에서 먹는 포도 맛은 두 배로 좋았어요. 원두막에서 포도를 맛있게 먹고 난 뒤에 집으로 돌아왔어요. 통통 공주가 심심하다고 하니까 엄마가 담임 선생님께 편지를 쓰라고 했어요.

"편지에 뭐라고 써?"

통통 공주가 물었어요.

"시골에 와서 본 것도 쓰고, 선생님 보고 싶다는 말도 써 봐. 그리고 학교에서 있었던 일 중에서 기억나는 것도 쓰면 되잖아. 생각해 보면 쓸 게 엄청 많네, 뭐."

하고 엄마가 말했어요.

그래서 통통 공주는 빗자루 선생님한테 편지를 쓰기로 했어요.

# 빗자루 선생님께

방학한 지 며칠 지나지도 않았는데 벌써 선생님이 보고 싶어요.

선생님과 처음 만난 게 얼마 전인 것 같은데 벌써 여름방학이라니, 기분이 되게 이상해요. 학교에 안 가고 집에서 지내니까 너무너무 심심해요. 그래서 엄마 따라 시골에 왔어요. 시골에 오니까 밤하늘에 별이 엄청 많아요. 모기에게 물릴까 봐 모기장에서 잤는데, 신기하게 잠이 솔솔 쏟아져요.

선생님, 시골에는 벽 없는 이층집이 있는데 그게 뭔지 아세요?

그건 바로 원두막이에요. 헤헤헤.

빗자루 선생님, 건강하게 오래오래 사세요. 강원도 오대산 산신령보다도 오래오래 사세요. 100살, 아니 200살까지 오래오래 사세요. 알았죠?

그럼 오늘은 여기서 ㅂㄹㅂㄹ!

통통 공주 올림

## 나의 글쓰기

기다리고 기다리던 방학이지만, 날마다 보던 친구들과 선생님을 못 보게 되니 조금은 섭섭합니다. 선생님은 어떻게 방학을 보내고 있을까요? 편지로 나의 안부도 전하고, 선생님의 방학 생활도 물어볼까요?

________ 선생님께

학교에서 날마다 함께 놀았던 단짝 친구를 떠올려 보세요. 그 친구에게 나는 어떻게 방학을 보내고 있는지 편지를 써 보세요. 친구의 방학 생활을 묻는 것도 잊지 말고요. 실은 방학 숙제를 얼마나 했는지 묻고 싶겠지만요.

에게

# 실내화가 닳도록

2학기 반장 선거 하는 날 아침.

꿀꿀이 왕자는 씩씩하게 집을 나섰어요. 서늘한 아침 공기가 목덜미에 살짝 휘감겼어요. 꿀꿀이 왕자는 어깨를 한 차례 으쓱했어요. 그러고는 바람 속으로 화닥닥 뛰어들었답니다.

그때 덜컥 현관문을 열고, 엄마가 응원 구호를 외쳤어요.

"우리 아들, 파이팅!"

아빠도 질세라 구호를 외쳤어요.

"아들아, 꼭 반장이 되어 만나자. 반장, 반장, 아자!"

꿀꿀이 왕자는 우뚝 걸음을 멈추었어요. 그러고는 엄마 아빠를 향해 오른쪽 팔뚝을 니은 자로 팍 꺾어 보이며 소리쳤어요.

"알았다, 오버! 반장, 반장, 아자!"

그리고 씩 웃음을 날려 주었어요. 꿀꿀이 왕자는 기분 좋게 학교로 뛰어갔어요.

며칠 전부터 엄마 아빠랑 머리를 맞대고 작전을 짰어요. 당연히 반장이 되기 위한 작전이었지요. 꿀꿀이 왕자는 부모님과 함께 짠 계획에 맞춰 교실에서 바지런히 선거 운동을 펼쳤어요.

반장 후보 연설문도 꼼꼼하게 준비했어요.

꿀꿀이 왕자는 엄마 아빠 앞에서 저녁마다 반장 후보 연설문을 읽으며 연습했어요. 아빠가 초등학교 다닐 때 직접 써먹어 보았는데, 효과가 대단했다며 침을 튀기며 알려 준 작전을 연설문에 담았어요. 그 시절엔 그런 연설문이 아이들에게 잘 먹혔다며 엄마도 맞장구를 쳐 주었어요. 꿀꿀이 왕자가 연설문 읽는 연습을 마치자, 아빠가 큰 소리로 덧붙였어요.

"이 아빠는 말이다, 연설문도 잘 쓰고 연설도 아주 잘해서 반장을 한 번도 놓친 적이 없단다. 아빠가 시키는 대로 하면 백발백중 반장으로 뽑힐 거야. 반장, 반장! 아자, 아자!"

꿀꿀이 왕자는 통통 공주를 여자 반장으로 점찍었어요. 1학기 때 다투기도 했지만 시간이 갈수록 마음에 쏙 들었거든요. 남자 반장은 꿀꿀이 왕자, 여자 반장은 통통 공주, 이렇게 되면 기분이 두 배로 좋을 것 같았어요. 그럼 여자 반장 통통 공주랑 알콩달콩 사귀어 볼 참이에요.

드디어 학급 임원을 뽑는 시간이 되었어요. 자기 차례가 되었을 때, 꿀꿀이 왕자는 늠름하게 교실 앞으로 걸어 나갔어요. 그리고 집에서 연습한 대로 자신감 넘치게 연설문을 읽기 시작했답니다.

"여러분, 저 꿀꿀이 왕자를 반장으로 뽑아 주십시오. 저 꿀꿀이 왕자를 반장으로 뽑아 주시면, 빗자루 선생님을 도와 우리 학교 최고의 반으로 만들겠습니다. 즐겁고, 재미있고, 신나는 반으로 만들겠습니다. 저 꿀꿀이 왕자를 한번 믿어 보십시오. 꿀꿀이 왕자는 거짓말을 하지 않습니다. 약속은 반드시 지키겠습니다. 여러분의 귀중한 한 표, 한 표를 저에게 주시면……."

꿀꿀이 왕자는 그쯤에서 연설을 뚝 멈추었어요. 물론 집에서 연습한 대로였지요. 꿀꿀이 왕자는 왼쪽 실내화를 벗어 오른손에 쥐고 높이 치켜들었어요. 순간 아이들은 두 눈을 형광등처럼 껌벅거렸어요. 그러기를 기다렸다는 듯 꿀꿀이 왕자는 냄새나는 실내화를 교실 천장을 향해 휘리릭 내던졌어요. 실내화가 천장에 쿵 부딪쳤다가 바닥으로 툭

쿵

떨어졌을 때, 오른쪽 집게손가락 끝으로 실내화를 찌를 듯이 가리키며 꿀꿀이 왕자는 다시 연설을 시작했답니다.

"저 실내화 바닥이 닳아 없어지도록 열심히 땀 흘리며 우리 반을 위해 뛰겠습니다. 여러분, 저 꿀꿀이 왕자를 반장으로 뽑아 주십시오! 여러분의 소중한 표를 저에게 꼭 던져 주십시오. 꿀꿀이 왕자와 함께 신나는 반을 만들어 갑시다, 여러분!"

꿀꿀이 왕자는 두 손을 번쩍 추켜올렸어요. 우레와 같은 박수 소리가 터져 나왔어요. 꿀꿀이 왕자는 주먹으로 교탁을 탕 내리쳤어요. 그런 다음 또다시 연설을 이어갔답니다.

"여러분, 한 가지 더 부탁할 게 있습니다. 우리 반 여자 반장에 대해 할 말이 있습니다. 저는 통통 공주가 우리 반 여자 반장이 되

었으면 좋겠습니다. 남자 반장은 꿀꿀이 왕자를, 여자 반장은 통통 공주를 뽑아 주십시오. 그럼 통통 공주랑 힘을 합쳐 우리 반을 정말 재미있는 반으로 만들겠습니다. 여러분, 감사합니다."

꿀꿀이 왕자는 통통 공주를 향해 씩 웃음을 날려 주었어요. 그러고는 고개를 꾸벅 숙여 인사한 뒤, 왼쪽 실내화를 찾아 발끝에 걸쳤어요. 꿀꿀이 왕자는 깽깽이걸음으로 자리로 들어가 앉았답니다.

이제 여자 반장 후보들의 차례예요. 꿀꿀이 왕자의 뜨거운 지지를 받은 통통 공주가 당차게 교탁 앞으로 나섰습니다. 통통 공주는 자신만만했어요. 반 아이들의 마음을 사로잡을 만한 공약을 준비했거든요.

"공약 하나. 한 달에 한 번 소풍을 가자고 선생님을 조르겠습니다.

공약 둘. 일주일에 한 번 아니, 두 번 흰 우유 대신 초코 우유를 달라고 하겠습니다.

공약 셋. 체육 시간에 자유롭게 놀 수 있게 하겠습니다.

공약 넷. 한 달에 한 번 짝꿍을 바꾸어 달라고 하겠습니다.

공약 다섯. 우리 반을 따돌림이 없는 반으로 만들겠습니다."

투표가 끝나자 곧바로 개표가 시작되었어요.

꿀꿀이 왕자는 어마어마한 표차로 남자 반장에 당선되었어요. 일이 잘 되려고 그랬는지, 여자 반장은 통통 공주가 되었어요. 꿀꿀이 왕자는 기분이 좋아 공중으로 붕붕 떠올랐어요. 커다랗게 입을 벌리고 활짝 웃는 엄마 아빠 얼굴이 가장 먼저 떠올랐어요.

학교 끝나자마자, 꿀꿀이 왕자 아니, 꿀꿀이 반장은 쏜살같이 집으로 달려갔어요. 엄마가 대문 밖에 나와 기린처럼 목을 빼고 기다리고 있었어요. 입에 거품을 물며 엄마가 따발총을 쏘아 댔어요.

"우리 아들, 어떻게 됐어? 잘된 거야? 반장 말이야, 응?"

"엄마, 나 반장 됐어!"

엄마 입에서 환호성이 터져 나왔어요.

"브라보! 우리 아들, 반장 당선!"

이 이야기는 송언 동화 〈황 반장 똥 반장 연애 반장〉에서 일부를 가져와 고쳐 쓴 것입니다.

## 나의 글쓰기

내가 만약 반장이라면 우리 반을 어떻게 이끌지, 어떤 반장이 될 것인지 나만의 공약과 연설문을 적어 보세요.

나의 공약

공약 1: ____________________

공약 2: ____________________

공약 3: ____________________

나는 이번 반장 선거에 나온 __________ 입니다.

내가 만약 반장이 된다면

## 빗자루 선생님께 물어보자!

# 연설문 쓰기

선생님, 저도 다음 번 반장 선거에 나가고 싶어요.

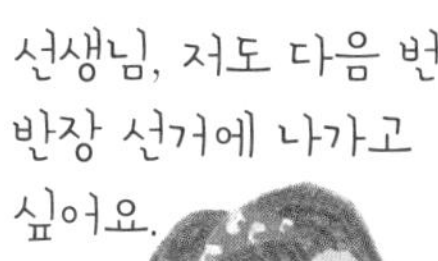

오냐, 누구나 반장 선거에 나갈 수 있으니까.

그런데 반장 후보 연설문은 어떻게 준비하는 거예요?

음, 우선 말이야. "내가 만약 반장이라면……" 하고 상상해 보렴. 그런 다음 반장이 되면 우리 반을 위해 하고 싶은 일들을 하나둘 떠올려 봐. 생각나는 게 있니?

와! 상상만 해도 기분이 좋아요, 이히히.

이렇게 떠올린 생각들을 정리해서 글로 써 봐. 듣는 사람이 금세 이해할 수 있게, 짧고 간단한 문장으로 쓰렴. 그게 바로 연설문이야. 이때 잊으면 안 되는 것이 있어! 우리 반에 어떤 반장이 필요한지, 친구들이 어떤 반장을 좋아할지 생각해 보는 거야. 그래야 친구들의 마음을 사로잡을 수 있거든.

반장, 떡볶이!
반장, 업어 줘!
반장, 숙제 대신 해 줘.
반장, 청소해 줘!
반장
반장
반장
반장
반장

이런, 반장이 되는 건 좀 더 생각해 봐야겠다.

# 학교 전설 이야기

쉬는 시간이었어요. 통통 공주는 아이들을 마구마구 불러 모았어요. 통통 공주는 할 이야기가 있으면 참지를 못한답니다.

"얘들아, 얘들아. 너희들 우리 학교 전설 알고 있니?"

아이들이 우르르 통통 공주 둘레로 모여들었어요. 꿀꿀이 왕자가 통통 공주에게 물었어요.

"몰라, 무슨 전설인데?"

"너희들 아직 모르고 있구나. 우리 학교에 귀신이 나타난다는 전설 말이야. 내가 얘기해 줄까?"

"우아, 학교 귀신 이야기? 그거 되게 재미있겠다."

아이들이 다투어 얼굴을 바싹바싹 들이밀었어요.

"좋아, 내가 얘기해 줄게. 잘 들어 봐."

한 차례 숨을 고른 뒤, 통통 공주는 실타래를 풀듯 술술 이야기를 풀었어요. 아이들은 넋을 잃고 통통 공주 이야기에 빠져들었어요. 그런데 이를 어째요. 재미있게 듣고 있던 꿀꿀이 왕자가 찬물을 확 끼얹었어요.

"야, 거짓말 치지 마. 이 세상에 귀신이 어디 있냐!"

그러자 옆에 있던 은별 공주가 통통 공주 편을 들어 주었어요.

"아니야, 우리 엄마가 그러는데 귀신이 있대. 그러니까 통통 공주가 한 이야기는 모두 사실일 거야."

"아니야. 이 세상에 귀신은 없어!"

그 바람에 아이들은 귀신을 믿는 '귀신파'와 귀신을 믿지 않는 '안 귀신파'로 나뉘어서 싸웠어요. 마침내 빗자루 선생님까지 싸움판에 끼어들게

되었어요. 아이들이 싸우다가 말고 우르르 빗자루 선생님한테 몰려갔기 때문이에요. 아이들이 싸우게 된 까닭을 듣고 나서, 빗자루 선생님은 통통 공주에게 숙제를 내 주었어요.

"통통 공주야, 우리 학교 전설 이야기를 글로 써 봐라. 잘 쓰면 귀신이 있는 것이고, 잘 쓰지 못하면 귀신이 없는 것이다."

"세상에 그런 법이 어디 있어요?"

"여기 있다. 한번 써 봐라. 재미있을 것 같아서 그런다."

"저는 이야기는 잘하는데 글로 쓰면 잘 안 될 때가 있어요."

그러자 빗자루 선생님이 좋은 방법을 일러 주었답니다.

"그렇다면 이야기를 하듯이 그대로 글로 써 봐라. 그것도 좋은 글쓰기 방법이란다."

이렇게 해서 통통 공주는 글을 쓰게 되었답니다. 물론 이야기하듯이요.

이 이야기는 송언 동화 〈꼼지락 공주와 빗자루 선생님〉에서 일부를 가져와 고쳐 쓴 것입니다.

빗자루 선생님께 물어보자!

# 이야기하듯이 글 쓰기

글을 쓰는 것은
너무 어려워요!

잘 쓰려는 욕심 때문에
글쓰기가 어려울 때가 있지.
그럴 때는 친구에게
이야기하듯이 써 보렴.
글이 술술 풀릴 거야.

그냥 이야기하는 것처럼
쓰면 되는 거예요?

오냐, 좀 더 자세히 가르쳐 주마. 먼저 통통 공주
둘레에 친구들이 옹기종기 앉아 있다고 상상해 봐.
그리고 상상 속 친구들에게 이야기를 들려주는 거지.
그렇게 이야기한 걸 글로 정리하는 거야.
그만큼 글쓰기가 쉽지 않겠어, 그렇지?
이야기하는 걸 좋아하는 아이라면 더 쉬울 거야.

그러니까 상상 속에서 친구들에게
이야기를 들려준 걸 그대로 글로
옮기라는 거지요?

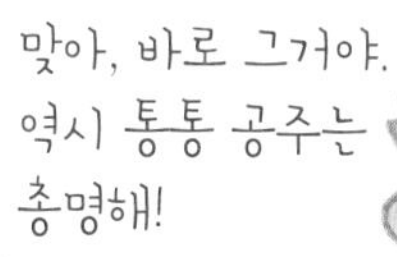

맞아, 바로 그거야.
역시 통통 공주는
총명해!

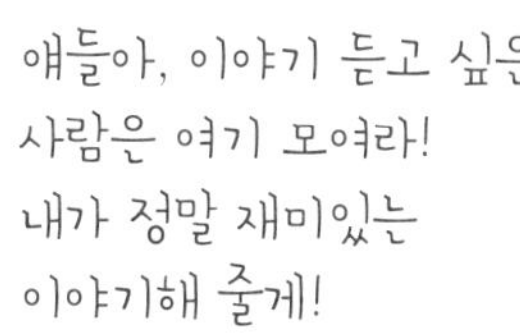

애들아, 이야기 듣고 싶은
사람은 여기 모여라!
내가 정말 재미있는
이야기해 줄게!

# 우리 학교 귀신 전설

얘들아, 내가 지금부터 우리 학교에 전해 오는 귀신 전설을 들려줄게. 우리 학교 운동장에 세종 대왕 동상이랑 이순신 장군 동상이 나란히 서 있잖아. 너희들도 알고 있지? 그런데 말이야, 놀라지 마. 밤마다 12시가 되면, 세종 대왕 동상이랑 이순신 장군 동상이 잠에서 벌떡 깨어난대.

잠에서 깨어난 이순신 장군은 학교 화장실에 있는 달걀귀신이랑 싸운대. 이순신 장군이 "으하하하, 내가 거북선을 만들었도다!" 하면, 달걀귀신이 "거짓말, 거짓말!" 이런대. 그러면 이순신 장군이 칼을 빼 들고, "달걀귀신은 내 칼을 받아라!" 하면서 싸운대.

다음 날 아침에 보면 이순신 장군의 칼 위치가 오른쪽에서 왼쪽으로 바뀌어 있대. 어떤 날은 이순신 장군이 도망치는 달걀귀신을 쫓아가다가 신발 한 짝이 벗겨질 때도 있는데, 그다음 날 자세히 보면, 이순신 장군 동상에 신발 한 짝이 어디로 사라지고 없대.

어때, 되게 무섭지?

이순신 장군 동상 옆에 있는 세종 대왕 동상도 밤 12시가 되면 깨어난대. 세종 대왕이 "음허허허, 한글은 내가 만들었노라!" 하면, 달걀귀신이 "저도 한글을 공부하고 싶어요!" 이런대. 그럼 세종 대왕이 달걀귀신을 가까이 불러서 책을 한 장 한 장 넘기며 한글을 가르쳐 준대.

중요한 사실이 하나 더 있어. 세종 대왕이 가지고 있는 책의 책장이 마지막까지 다 넘어가면 그다음 날 우리 학교가 폭삭 무너진대. 어때, 진짜 무섭지?

그러니까 밤 12시에 학교에 오면 절대로 안 돼. 귀신에 홀릴지도 모르니까 말이야. 그렇지만 정말, 정말 귀신이 궁금한 사람은 밤 12시에 학교 운동장으로 나와 봐. 그럼 세종 대왕 동상이랑 이순신 장군 동상이 잠에서 깨어나 달걀귀신과 싸우거나, 한글을 가르쳐 주는 모습을 직접 볼 수 있을 거야.

내 이야기는 여기까지야. 끝.

## 나의 글쓰기

지금까지 내가 들었던 이야기 중 가장 무서운 이야기를 친구에게 이야기하듯이 실감나게 써 보세요. 이 글을 읽은 사람이 소름이 돋을 정도로 무서워해야 해요. 무서움을 표현한 말들이 있으니 잘 골라서 써 보세요.

으스스 오싹오싹 덜덜 으악 두렵다 무섭다
깜짝 놀라다 식은땀이 줄줄 흐르다 소름이 돋다
걸음아 날 살려라 도망치다 너무 무서워서 오줌을 쌀 뻔하다

겁이 많은 친구가 내 글을 읽고 정말 무서워한다면, 이번에는 배꼽이 빠지고 눈물이 쏙 날 만큼 재미있는 이야기로 친구를 웃겨 주세요. 웃음에 관한 표현들이에요. 재미있는 이야기를 쓸 때 골라서 써 보세요.

깔깔깔 하하하 호호호 키들키들 키득키득

웃다 미소를 짓다 재미있다 유쾌하다 즐겁다

눈물이 날정도로 웃기다 웃다가 배꼽이 빠지다

# 엄마에게

오늘은 공개 수업을 하는 날이에요. 3월에 학부모 총회가 있을 때 한 번 하고, 이번이 두 번째 공개 수업이에요. 빗자루 선생님은 국어 시간을 공개했어요.

빗자루 선생님은 공개 수업 하루 전에 숙제를 내 주었어요. 그것은 바로 '부모님께 부탁하는 글'을 편지 형식으로 써 오는 숙제였어요. 아이들은 모두 숙제를 해 왔어요. 빗자루 선생님 책상 위에는 아이들이 낸 숙제가 쌓여 있었지요.

드디어 공개 수업이 시작되었어요. 엄마들이 많이 왔어요. 엄마 대신 아빠가 오시기도 했어요. 어떤 아이는 엄마, 아빠가 회사 일이 바빠서 할머니가 대신 왔어요. 긴장하기는 아이들이나 엄마들이나 마찬가지였어요.

빗자루 선생님도 조금 긴장한 것 같았어요. 괜스레 헛기침을 하고는 조용히 수업을 시작했어요. 빗자루 선생님은 아이들이 정성스럽게 써 온 편지글을 읽어 주었어요.

편지글을 읽어 줄 때마다 엄마들이 짝짝짝 박수를 쳐 주었어요. 특히 은별 공주가 쓴 편지를 읽었을 때, "와, 정말 잘 썼다!" 하며 뒤에 서 있는 엄마들이 가장 크게 박수를 쳤어요.

공개 수업은 재미있게 잘 끝났답니다.

다음은 은별 공주가 쓴 부탁하는 편지글이에요.

## 사랑하는 나의 엄마에게

엄마, 이번 주 일요일에 바쁘세요? 일요일인데 설마 회사에 나가는 건 아니겠죠? 안 바쁘면 저랑 은총이랑 같이 영화 보러 가요. 아주아주 보고 싶은 영화가 있어요. 영화가 새로 나온 지 얼마 되지 않아서 텔레비전에서는 하지 않아요. 은총이도 그 영화를 꼭 보고 싶다고 말했어요.

영화 제목은 깜빡했는데 팬더가 주인공인 애니메이션이에요. 예전에 텔레비전에서 봤잖아요. 그때 엄마랑 나랑 은총이랑 셋이 나란히 거실에 앉아서 봤던 거 기억하시죠? 그다음 편이 나왔어요. 이번에는 꼭 극장에 가서 보고 싶어요. 텔레비전으로 보는 것보다 훨씬 재미있을 것 같아요.

엄마, 제 부탁 꼭 들어주세요. 엄마랑 은총이, 그리고 아빠랑 그러니까 우리 식구 모두 함께 그 영화를 보고 싶어요.

영화가 끝난 다음엔 맛있는 저녁도 먹어요. 그럼 기분이 열 배 아니, 백 배 더 좋아질 거예요. 그러니까 꼭 들어주세요! 알았죠?

엄마 딸 은별 올림♡

덧붙임 : 엄마는 제 마음 다 알죠?

은별이가
엄마 딸이라서
정말 행복해요!

사랑해요!
아주 많이!

엄마도
은별이 엄마라
아주 행복해요!

이 편지를 읽고 영화를 보러 가지 않을 수 없었나 봐요. 은별 공주의 엄마 마음이 흔들리고도 남았는지, 다음 날 은별 공주 일기장엔 이렇게 적혀 있었어요.

엄마, 아빠, 은총이, 나. 우리 식구 다 함께 영화를 보고 왔다.

이 글은 송언 선생님의 제자 조은별(은별 공주) 어린이가 쓴 편지를 고쳐 쓴 것입니다.

나의 글쓰기

평소 내가 엄마나 아빠에게 바랐던 점들을 떠올려 보세요. 엄마 아빠가 꼭 들어주었으면 하는 마음을 담아 글을 써 보세요. 왜 그런 생각을 했는지 그 이유도 적어 보세요. 진심이 담긴 여러분의 글을 본다면 엄마 아빠가 여러분의 소원을 꼭 들어주실 거예요.

엄마, 아빠! 제 소원 들어 보실래요?

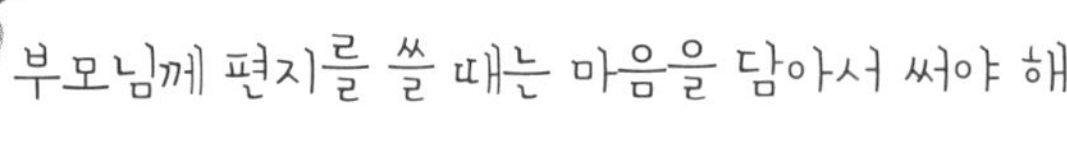

부모님께 편지를 쓸 때는 마음을 담아서 써야 해.

자, 이번에는 여러분이 부모님께 답장을 받을 차례예요. 내가 쓴 글을 부모님께 보여 드리세요. 그런 다음 이렇게 이야기해 보세요. "엄마, 아빠! 제 소원이 담긴 편지예요. 답장은 여기에 써 주세요!"

사랑하는 나의 　　　　　 야!

아이의 정성이 담긴 편지를 보고
답장을 안 쓰실 부모님은 안 계시겠지요?

# 김 구천구백이에게

빗자루 선생님이 동화책을 읽어 주었어요. 책 제목은 〈김 구천구백이〉였어요. 아이들은 두 눈을 동그랗게 뜨고, 두 귀를 쫑긋 세우고, 이야기 속으로 빠져들었어요. 빗자루 선생님이 읽어 준 동화책 내용을 간추리면 다음과 같답니다.

김건하 별명은 김 브라보이다. 날마다 일기장 끝에 '오늘도 기분이 브라보이다.'라고 쓰기 때문이다. 실제로 김 브라보는 날마다 기분이 좋다. 그런 김 브라보가 '비드 맨' 장난감 사건에 휘말리면서, '행복 끝, 고통 시작'으로 생활이 확 바뀌게 된다.

김 브라보는 칠천 원짜리 장난감을 사려고 엄마에게 돈을 달라고 했으나

거절당하고, 반 친구인 박 마법의 도움으로 어렵게 비드 맨 장난감을 갖게 된다. 그런데 그 일을 담임 선생님한테 들켜서, 친구에게 빌려서 장난감을 산 돈 칠천 원을 갚아야 했다.

하지만 김 브라보는 칠천 원을 갚지 못해서, 별명이 김 칠천으로 바뀌게 된다. 그날부터 별명에 이자가 붙기 시작한다. 하루에 백 원씩. 그래서 김 칠천은 김 칠천백, 김 칠천이백, 김 칠천삼백이 된다.

담임 선생님은 별명이 김 만이 되기 전에 꼭 갚으라고 한다. 김 만이 되도록 돈을 갚지 않으면 경찰서에 신고한다고 겁도 준다. 김 브라보는 칠천 원을 갚지 못한 채 허구한 날 끙끙 앓는다. 드디어 김 구천구백이 되던 날 기적적으로 칠천 원을 갚고, 행복했던 별명 김 브라보로 돌아간다.

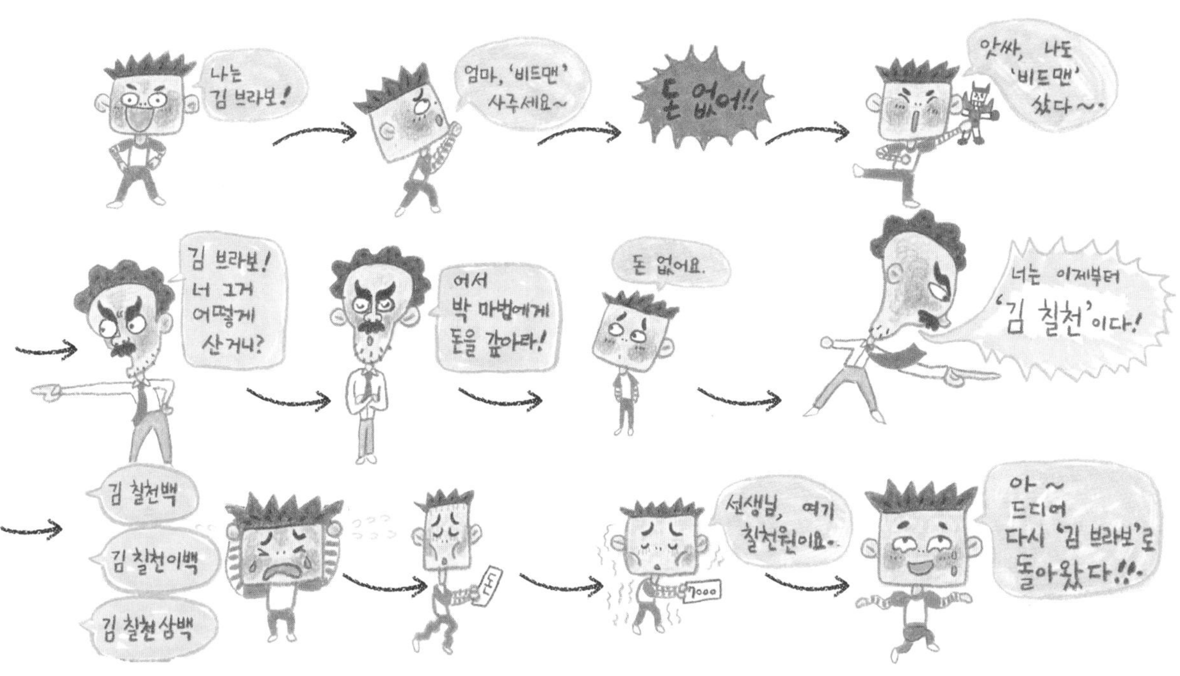


송언 동화 〈김 구천구백이〉는 아이들에게 많은 사랑을 받고 있는 책입니다.

책을 다 읽어 준 뒤, 빗자루 선생님은 아이들에게 숙제를 내 주었어요. 독서 감상문을 써 오라는 것이었지요. 다음은 빗자루 선생님이 잘 썼다고 칭찬해 준 은별 공주의 독서 감상문입니다.

은별 공주의 글쓰기

## <김 구천구백이>를 읽고

나는 김 브라보를 충분히 이해할 수 있다. 우리 교실에서도 장난감이 유행하던 때가 있었다. 장난감이 유행하면 누구나 그 장난감을 갖고 싶어 한다. 장난감이 유행할 때 자기만 갖지 못하면 무척 속상하다.

그런데 김 브라보네 엄마는 장난감이 겁나게 비싸다며 사 주지 않았다. 그뿐이 아니다. 김 브라보가 친구에게 돈을 빌려 장난감을 산 뒤, 돈을 갚아야 한다고 했을 때도 칠천 원을 주지 않았다. 김 브라보네 엄마는 정말 너무했다. 김 브라보네 담임 선생님도 엄청나게 끈질기다는 생각이 들었다. 그래서 김 브라보가 불쌍하게 느껴졌다.

내가 만약 친구에게 돈을 빌려 장난감을 샀다면 저금통을 털어서라도 빌린 돈을 갚았을 거다. 김 브라보는 돼지 저금통도 없나 보다. 아니, 김 브라보가 돼지 저금통에 돈을 넣을 만큼 용돈을 주지 않은 김 브라보네 엄마에게 더 문제가 있는 것 같다. 아들이 장난감을 사 달라고 하면 그냥 사 주지, 그렇게 까칠한 엄마는 처음 본다. 김 브라보는 칠천 원을 갚지 못해 50일 동안 고통을 당했다. 그까짓 돈 칠천 원이 아들보다 소중하다는 걸까? 김 브라보네 엄마한테 묻고 싶다.

"아줌마, 칠천 원이 중요해요, 아니면 아들이 50일 동안 행복한 게 중요해요? 아줌마가 칠천 원을 아끼는 바람에 김 브라보가 50일 동안 고통을 당했잖아요. 아줌마, 정말 나빠요!"

이 책을 읽고, 나는 엄마랑 사이좋게 지내야겠다고 마음먹었다.

# 빗자루 선생님께 물어보자!
# 독서 감상문 쓰기

선생님,
독서 감상문이 뭐죠?

책을 읽고 나서 나의 생각과 느낌을 쓴 글이란다. 어떤 부분이 재미있었고, 어떤 부분에서 감동을 받았는지에 대해 주로 쓰지. 이렇게 독서 감상문을 쓰면 생각하는 힘도 길러지고 감동도 오래 남게 된단다.

책은 재미있게 읽었는데 결말이 마음에 들지 않는 책도 있었어요.

선생님도 그럴 때가 있단다. 그럴 때는 말이야, "내가 작가라면 이렇게 썼을 텐데……." 또는 "내가 주인공이라면 이랬을 텐데……." 하고 상상하곤 하지. 그 내용을 글로 쓰면 좋은 독서 감상문이 된단다.

빗자루 선생님, 나쁜 독서 감상문도 있어요?

줄거리만 길게 요약한 글은 독서 감상문이라고 할 수 없단다. 책을 읽은 사람의 생각이 담겨 있질 않거든.

그렇다면 좋은 독서 감상문은 어떻게 써야 돼요?

자기만의 느낌이나 생각을 솔직하게 쓰는 거란다. 자기만의 개성이 드러나야 좋은 독서 감상문이지.

아하!
그렇다면 나는 주인공이 어떤 반찬을 좋아하는지에 대해서 써야지!

그런 내용은 책에 없거든!

재미있게 읽은 책의 주인공이나 그 책을 쓴 작가에게 하고 싶은 말을 편지로 써 보세요. 책을 읽으면서 생각했던 것들이 자연스럽게 편지 속에 담길 거예요. 그러면 그 글이 바로 훌륭한 독서 감상문이 된답니다!

## 나의 글쓰기

여러분이 읽은 책 중 최고라고 생각하는 것은 어떤 책인가요? 책을 읽고 난 소감을 글로 적어 주세요. 잊지 마세요! 자신의 생각이나 느낌을 써야 좋은 독서 감상문입니다.

### 독서 감상문

제목:

지은이:

읽은 날:

줄거리:

생각과 느낌:

책을 읽고 나서 가장 인상에 남는 장면이나 머릿속에 떠오르는 생각을 그림으로 표현해 보세요. 이런 그림을 독서 감상화라고 합니다.

독서 감상화

이 그림의 제목과 이 장면을 그린 이유를 쓰세요.

제목: ______________________

이유: ______________________

# 우리 반이 최고야!

가을 운동회가 있는 날이에요.

운동장에는 만국기가 펄럭이고 가을 햇살은 아주 쨍쨍했어요. 가을 운동회 하기 딱 좋은 날씨였지요. 아이들은 빗자루 선생님을 따라 운동장으로 나갔어요. 신나는 음악에 맞춰 율동도 하고 체조도 했어요.

1반부터 차례차례 개인 달리기를 시작했어요. 1등, 2등, 3등에겐 손등에 도장을 찍어 주었어요. 아이들은 3등 안에 들려고 젖 먹던 힘까지 내며 달렸답니다.

단체 경기는 타이어 끌기와 콩 주머니 던지기였어요. 타이어 끌기는 청군이 이기고, 콩 주머니 던지기는 백군이 이겼어요. 청군과 백군이 사이좋게 한 번씩 이겼고, 이제는 결승전만 남았어요. 결승은 이어달리기 경기였어요.

이어달리기 경기를 할 때 아이들은 가장 신바람이 났어요. 청군과 백군으로 나뉘어서 목이 터져라, "청군 이겨라!", "백군 이겨라!" 하고 응원전을 펼쳤답니다.

은별 공주가 반 대표로 하얀색 바통을 들고 달릴 때, 아이들은 자리에서 펄쩍펄쩍 뛰며 응원을 보냈어요.

반 대표로 달리기에 나선 은별 공주를 위해 친구들이 현수막을 만들었어요. 따가운 햇볕도 아랑곳 않고 은별 공주를 응원하는 친구들의 모습과 직접 만든 현수막은 운동장에 모인 사람들의 눈길을 끌 만큼 멋졌어요. 은별 공주도 친구들의 응원이 마음에 든 것이 틀림없어요. 은별 공주의 발은 그 어느 때보다도 빨랐거든요.

은별 공주네 반 친구들은 하루 종일 신이 났어요. 쉬는 시간에도 흥얼흥얼 노래가 절로 나왔어요. 친구들이 부르는 노래는 바로 응원가랍니다.

은별 공주 너만 믿는다!
오늘은 달리기 공주가 되어 다오!
응원 문구는 짧고 간결하고 신나게 쓰는 거야!
은별 공주를 응원하는 응원 문구를 현수막에 써 주세요!
우리 반이 최고야!
너희들이 잘 알고 있는 동요나 노래에 가사를 바꿔서 응원가를 써 보렴.


은별 공주를 위한 응원가의 노랫말을 만들어 주세요.

다 같이 목청껏 노래를 부르다 보니 기분도 좋아지고, 힘도 불끈불끈 솟았어요.

응원가의 제목은 "우리 반이 최고야!"예요.

아이들의 힘찬 응원 덕분인지 마지막 이어달리기 경기는 백군이 이겼답니다. 경기가 끝나고 마무리 맨손 체조를 했어요.

아이들은 모두 얼굴이 벌겋게 달아올라서 자기 교실로 들어갔어요.

앗! 책상 위에 시원한 음료수와 간식이 준비되어 있었어요. 엄마들이 아이들을 위해 준비해 놓은 것이었지요. 아이들은 음료수와 간식을 먹으며 내년에 있을 가을 운동회를 즐겁게 상상했답니다.

다음은 꿀꿀이 왕자가 가을 운동회를 하고 나서 쓴 글이랍니다.

# 즐거운 가을 운동회

오늘은 가을 운동회가 열린 날.

다섯 명이 한 조가 되어 개인 달리기를 했는데 나는 4등을 했다.

엄마가 3등 안에 들라고 "파이팅!" 하고 외쳐 주었는데 마음대로 되지 않았다. 나는 운동을 잘 못하는 것 같다.

첫 번째 단체 경기는 타이어 끌기였다.

타이어를 운동장 가운데 늘어놓고, 선생님 신호가 떨어지면 달려가서 자기 편 쪽으로 타이어를 끌고 오는 것이다. 징이 울리자 우리는 함성을 지르며 뛰어나가 타이어에 매어 있는 줄을 잡고 잡아당기기 시작했다. 처음엔 팽팽했는데 서서히 우리 쪽 힘이 달렸다.

다른 아이들은 중간에 줄을 놓고 포기했는데, 나는 줄을 놓지 않고 버티다가 앞으로 고꾸라지고 말았다. 그 바람에 턱이 깨져 피가 났다.

나는 운동장 바닥에 주저앉아 엉엉 울었다. 선생님이 달려와서 내 턱을 살펴보았다. 보건실에 가서 약을 바르면 괜찮다고 해서 보건실에 다녀왔다.

두 번째 단체 경기는 콩 주머니 던지기였다.

나도 경기에 참가했다. 신나게 콩 주머니를 던졌다. 이번엔 우리 편이 이겼다. 우리는 만세를 부르며 펄쩍펄쩍 뛰었다. 꽥꽥 소리를 지르며 신나게 놀았더니, 언제 턱이 깨졌느냐는 듯이 하나도 아프지 않았다.

마지막에 결승으로 이어달리기 경기를 할때는 열심히 은별 공주를 응원했다. 오늘 나는 신나게 놀면 턱이 깨져도 안 아프다는 걸 알았다.

꿀꿀이 왕자야. 선생님도 정말 깜짝 놀랐단다.
그래도 이렇게 멋진 글을 쓴 걸 보니,
많이 다친 건 아니구나. 정말 다행이다.

## 나의 글쓰기

운동회 하는 날에는 정말 많은 일들이 일어나요. "이겨라, 이겨라." 하고 목이 터져라 응원을 하고, 경기에서 이기면 기분이 날아갈 것 같아요. 지면 힘이 쭉 빠지고 속상하지요. 자, 여러분이 기억하는 최고의 운동회를 떠올려 보세요.

- 어떤 경기를 했나요? 기억나는 경기 세 가지만 써 보세요.

- 제일 기억에 남는 순간은 언제였나요?

- 그날 간식으로 무엇을 먹었나요?

나를 응원하는 현수막이에요. 어떤 응원 문구가 쓰여 있으면 좋을까요?

제목 : 나의 가을 운동회

# 나라면 이렇게!

국어 읽기 시간에 〈여우와 두루미〉 이야기를 공부했어요.

빗자루 선생님이 말했어요.

"이야기에 등장하는 여우와 두루미의 행동에 대해 짝꿍과 이야기를 나누어 보세요. 그리고 그 결과를 각자 글쓰기 공책에 써서 발표할 거예요."

〈여우와 두루미〉 이야기를 간추리면 다음과 같아요.

여우가 친구 두루미를 집으로 초대했어요.

두루미는 즐거운 마음으로 여우네 집에 갔어요. 여우는 납작한 접시에 음식을 담아 내놓았답니다. 그런데 이를 어쩌면 좋아요. 음식이 납작한 접시 위에 놓여 있어서, 여우는 냠냠 맛있게 먹는데, 두루미는 하나도 먹을 수가 없었어요.

다음 날, 두루미가 여우를 집으로 초대했어요.

여우는 신바람이 나서 두루미네 집에 갔어요. 두루미는 목이 기다란 그릇에 음식을 담아 내놓았답니다. 그런데 이를 어쩌면 좋아요. 음식이 목이 기다란 그릇에 담겨 있어서, 두루미는 콕콕 맛있게 쪼아 먹는데, 여우는 쫄쫄 굶고 말았어요.

여우가 따졌어요.

"너만 맛있게 먹고, 난 하나도 못 먹었잖아!"

그러자 기다렸다는 듯이 두루미가 말했어요.

"어제는 너 혼자 맛있게 먹었잖아!"

이 일 때문에 여우와 두루미는 사이가 아주 나빠졌답니다.

꿀꿀이 왕자와 통통 공주는 〈여우와 두루미〉를 읽고 서로 이야기를 나눴어요.

: 여우가 두루미를 초대해 놓고 골탕 먹인 게 잘못이야. 친구를 초대해 놓고 그러면 안 되잖아. 여우는 정말 나빠!

: 그렇다고 여우를 초대해 놓고 복수를 해? 두루미도 나빠!

: 여우가 먼저 골탕을 먹였으니까 더 나쁘다고! 친구끼리 정말 왜 그랬을까?

: 그럼 어떻게 하면 좋을까?

: 여우가 두루미를 초대했을 때, 자기 음식은 납작한 접시 위에 담고, 두루미가 먹을 음식은 목이 기다란 그릇에 넣어 주면 되잖아. 그럼 서로 냠냠 맛있게 먹을 수 있잖아. 여우는 정말 바보야. 안 그래?

: 야, 그건 말이 안 돼. 여우네 집엔 목이 기다란 접시가 없어. 왜냐하면 여우에겐 필요 없는 물건이잖아. 안 그래?

: 그렇네. 뭐 좋은 방법이 없을까?

: 글쎄…….

: 아, 맞다!

대화가 끝난 후에 꿀꿀이 왕자는 자기 생각을 정리하는 글을 썼어요.

빗자루 선생님께 물어보자!

# 생각을 정리하는 글 쓰기

책을 읽고 어떻게
내 생각을 정리해야
하지요?

첫째, 이야기 속에 숨은 참뜻이 무엇인지 찾아보자.
이야기를 잘못 이해하면 엉뚱한 주장을 하게 되거든.
둘째, 등장인물들의 말과 행동을 꼼꼼히 살펴보고,
어떤 인물이 옳고 어떤 인물이 그른지 따져 보는 거야.
셋째, 그러고 나서 '나라면 어떻게 했을까?'
비교하면서 내 생각을 정리하는 거야.

책에 대해서 친구와
이야기했는데,
서로 생각이 달랐어요.

당연히 생각이 서로 다를 때가 있지. 그럴 때는 우선 마음을 차분히
가라앉히고 친구의 이야기를 귀 기울여 들어야 해. 누구의 생각이
더 설득력이 있는지 생각해 보고, 더 설득력 있는 생각을 받아들여야
한단다. 이것도 좋은 공부란다. 그런 다음, 서로 어떻게 생각을
나누고 정리했는지 짧게 글로 써 보렴.

<아기 돼지 삼 형제>를 읽었어요.
저는 아기 돼지가 꼭 통통 공주 같다고
생각했어요. 왜냐하면 …….

으~~~~, 일단 마음을
차분히 가라앉혀야지.

# 나라면 이렇게!

<여우와 두루미>를 읽고 통통 공주랑 이야기를 나누었다.

나는 여우가 나쁘다고 생각했고, 통통 공주는 두루미가 더 나쁘다고 생각했다. 내 생각과 통통 공주 생각이 조금 다르다는 게 신기했다.

여우와 두루미는 참 답답한 친구다. 왜냐하면 친구 입장을 생각해 주지 않고 자기 생각만 고집하기 때문이다.

나는 여우와 두루미가 사이좋은 친구가 되었으면 정말 좋겠다. 그런 생각을 하다가 좋은 방법을 찾아냈다.

이렇게 하면 서로 좋지 않을까?

두루미가 여우네 집에 초대받아 갈 때는 자기네 집에 있는 목이 기다란 그릇을 가져가고, 여우가 두루미네 집에 초대받아 갈 때는 자기네 집에 있는 납작한 접시를 가져가는 것이다. 그럼 화내지 않고 사이좋게 음식을 먹을 수 있다.

나는 내 생각을 통통 공주에게 말했다.

그랬더니 통통 공주가 "와, 그러면 되겠구나! 멋진 방법이다." 라면서 날 추켜세워 주었다. 먹는 걸 가지고 생각할 때는 나도 머리가 핑핑 돌아간다는 걸 알았다.

둘이서 재미있는 대화를 나눴구나! 이야기를 하다 보니 서로의 생각을 알 수 있었지? 이렇게 글로 쓰면 너희들이 어떤 생각을 했는지 더 잘 알 수 있지.

## 나의 글쓰기

여우와 두루미를 읽고 나서 어떤 생각이 들었나요? 꿀꿀이 왕자와 통통 공주가 생각한 방법 말고 더 좋은 방법이 있을까요? 내 생각을 글로 써 보세요.

### 나의 생각

- 내가 여우라면 두루미를 위해 숟가락과 젓가락을 준비해 놓겠다. 그러면 두루미도 맛있게 먹을 수 있을 것이다.

- 내가 여우라면 ____________________.
____________________________.

- 내가 두루미라면 ____________________.
____________________________.

- 친구를 집에 초대할 때는 친구에게 뭐가 필요한지 생각하겠다. 그러면 친구를 위해 미리 준비해 놓을 수 있다.

- ____________________________.
____________________________.

나의 생각을 글로 정리해 봤으니 이제 여우와 두루미에게 이야기해 줘야 해요. "여우야, 두루미야! 내 말 좀 들어 봐!" 란 제목으로 내 생각을 전달하는 글을 써 보세요.

제목: 여우야, 두루미야! 내 말 좀 들어 봐!

# 친구들아, 놀러 와!

12월이 되자 날씨가 추워졌어요. 아직 첫눈은 내리지 않았어요. 얼마 지나지 않으면 겨울방학을 할 거예요. 그러면 선생님이랑 친구들과 떨어져서 지내야 하지요.

통통 공주의 생일은 12월 8일이에요. 마침 토요일이지 뭐예요. 통통 공주는 친구를 몇 명쯤 초대하는 게 좋을지 엄마와 이야기했어요.

"너무 많이 부르는 건 좀 그렇고, 일 년 동안 가깝게 지낸 친구 네다섯 명쯤 초대하기로 하자. 우리 집으로 데려와. 엄마가 맛있는 거 해 줄게."

통통 공주는 초대할 친구 얼굴을 하나하나 떠올려 보았어요. 가장 먼저 떠오른 친구는 역시 꿀꿀이 왕자였어요. 통통 공주는 친구들에게 초대장을 쓰기로 했어요. 가장 먼저 꿀꿀이 왕자에게 썼답니다.

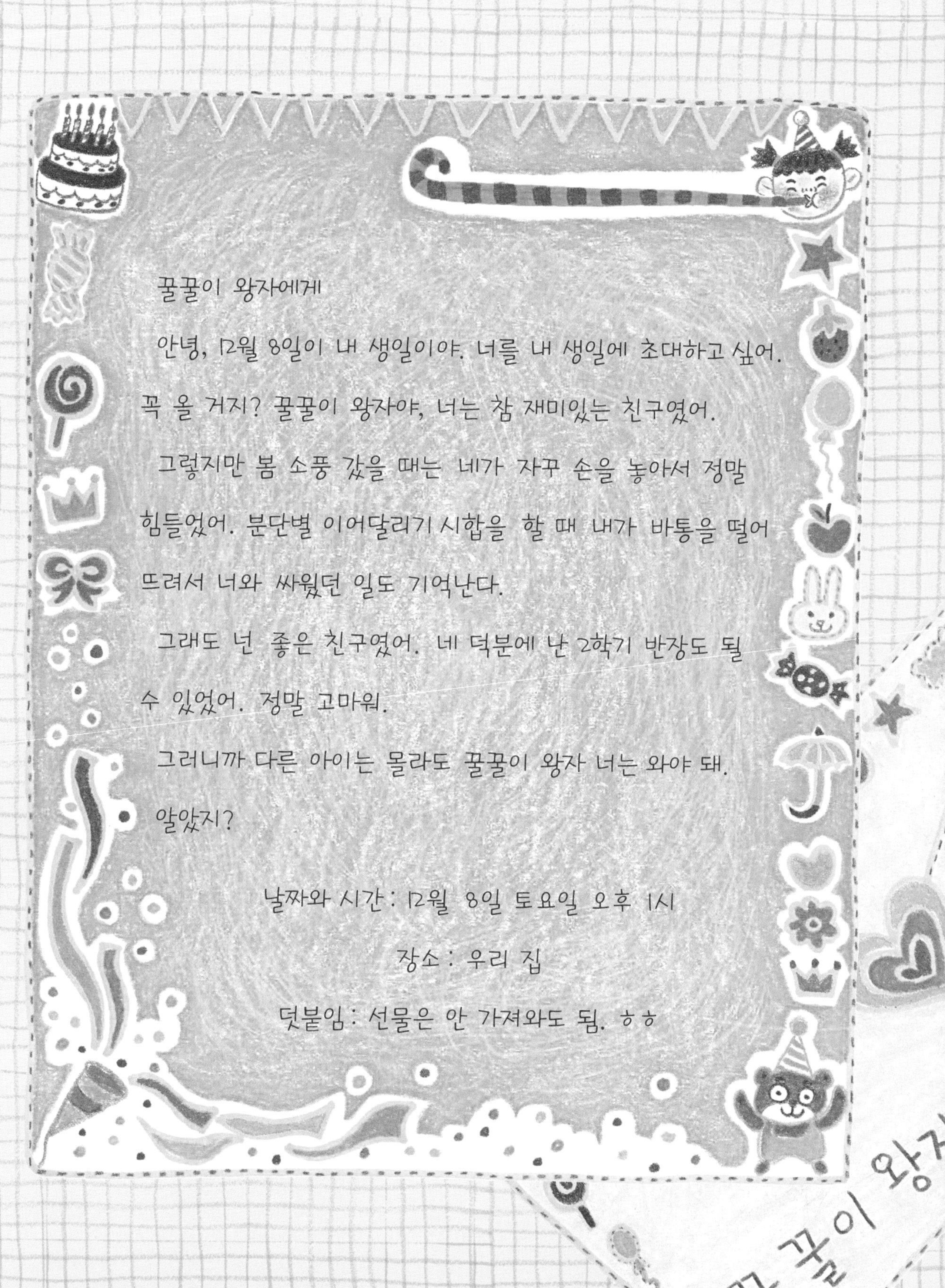

꿀꿀이 왕자에게

안녕, 12월 8일이 내 생일이야. 너를 내 생일에 초대하고 싶어. 꼭 올 거지? 꿀꿀이 왕자야, 너는 참 재미있는 친구였어.

그렇지만 봄 소풍 갔을 때는 네가 자꾸 손을 놓아서 정말 힘들었어. 분단별 이어달리기 시합을 할 때 내가 바통을 떨어뜨려서 너와 싸웠던 일도 기억난다.

그래도 넌 좋은 친구였어. 네 덕분에 난 2학기 반장도 될 수 있었어. 정말 고마워.

그러니까 다른 아이는 몰라도 꿀꿀이 왕자 너는 와야 돼. 알았지?

날짜와 시간: 12월 8일 토요일 오후 1시

장소: 우리 집

덧붙임: 선물은 안 가져와도 됨. ㅎㅎ

## 나의 글쓰기

나의 생일에 어떤 친구를 초대하고 싶나요? 친구의 얼굴을 한 명 한 명 떠올리며, 초대하고 싶은 친구의 이름과 그 이유를 적어 보세요.

- 초대하고 싶은 친구 : 꿀꿀이 왕자

  초대하고 싶은 이유 : 일 년 동안 사이좋게 지냈다. 꿀꿀이 왕자는 엉뚱하지만 함께 놀면 재미있다.

### 내 생일에 초대하고 싶은 친구

초대하고 싶은 친구 : ____________________

초대하고 싶은 이유 : ____________________

초대하고 싶은 친구 : ____________________

초대하고 싶은 이유 : ____________________

초대하고 싶은 친구 : ____________________

초대하고 싶은 이유 : ____________________

친구들이 꼭 내 생일에 와 주었으면 하는 마음을 담아 초대장을 만들어 보세요. 정성이 듬뿍 들어간 초대장을 받으면 친구들이 기뻐할 거예요.

초대장을 쓸 때는 꼭 필요한 정보를 넣어야 해!
약속 시간, 장소, 준비물은 꼭 쓰렴.
약속 장소까지 가는 지도를 그리는 것도 좋고!

# 이제 새 학년이 돼요!

봄 방학을 며칠 앞둔 어느 날이었어요.

이제 아이들과 빗자루 선생님이 헤어질 날이 얼마 남지 않았어요. 빗자루 선생님이 말했어요.

"지난 일 년 동안 선생님은 즐거웠단다. 그리고 행복했어. 왜냐하면 말이지, 너희들과 정말 재미있게 지냈으니까. 이제 새 학년에 올라가면 더 즐겁게, 더 행복하게 살아라. 선생님 자주 찾아오지 말고, 새 학년 새 학급에서 새 선생님이랑 재미있게 지내도록 해, 알았지? 사랑하는 제자들아, 이제 잘 가거라."

통통 공주가 말했어요.

"선생님이랑 헤어진다고 생각하니까 기분이 이상해요."

꿀꿀이 왕자도 한 마디 했어요.

"또 담임 선생님 해 주세요, 네?"

빗자루 선생님이 말했어요.

"사람은 말이야, 때가 되면 헤어지는 게 맞아. 너희들에게 마지막으로 글쓰기 숙제를 내 주겠다. 글쓰기 공책에 이번 학년을 마치고 새 학년이 되는 마음을 담아서 짤막하게 글을 써 보기 바란다."

아이들은 글쓰기 공책을 펴 놓고 글을 쓰기 시작했어요. 물론 통통 공주와 꿀꿀이 왕자도 글을 썼답니다.

제자들아,
잘 가거라.
빗자루 선생님,
안녕히 계세요~~.
안녕

# 우리 서로 잊지 말자

우리 반 친구들에게 자기소개를 한 것이 얼마 전인 것 같습니다. 그런데 벌써 다음 학년으로 올라간다고 생각하니 기분이 정말 이상합니다.

올해는 좋은 선생님을 만나 정말 즐거웠습니다. 친구들과도 잘 지냈는데, 특히 꿀꿀이 왕자가 가장 기억에 남아요. 꿀꿀이 왕자는 참 좋은 친구였습니다.

이제 새로운 학년이 되면, 키가 쑥쑥 컸으면 좋겠습니다.

재미있고 행복한 학교생활이 되도록 노력하겠습니다.

이제 마지막 인사를 보냅니다.

빗자루 선생님, 안녕히 계세요. 저는 통통 공주예요.

꿀꿀이 왕자야, 다른 반이 되어도 서로 잊지 말자. 안녕!

귀여운 통통 공주야, 일 년 동안 정말 즐거웠다.
잘 가렴. 네 소원대로 쑥쑥 자라렴.

# 모두 안녕!

지난 일 년을 돌이켜 보니까, 2학기 때 반장이 된 것이 가장 기억에 남는다. 멋진 연설문 덕분이었다.

통통 공주는 참 좋은 친구다. 2학기 때 반장도 같이 하고. 통통 공주랑 내년에도 같은 반이 되면 참 좋겠다.

빗자루 선생님과도 재미있게 지냈다. 빗자루 선생님은 친구 같은 편안한 선생님이었다. 우리 반 친구들도 다 좋다. 나를 '꿀꿀 돼지'나 '슈퍼 똥돼지'라고 놀리지 않았으니까. 정말 좋은 친구들이다. 하지만 이제 헤어져야 한다. 안녕! 모두모두 안녕!

참, 지난 일 년 동안 글쓰기 실력이 쑥쑥 자란 것 같아 기분이 좋다.

꿀꿀이 왕자야, 네가 있어서 선생님도 무척 즐거웠단다. 작가의 꿈은 꼭 이루길 바란다.

## 나의 글쓰기

자, 이제 곧 새 학년이 될 거예요. 학교에 가면 동생들이 더 많아질 거고요. 올 한 해 동안 여러 가지 일들이 일어났지요? 기억에 남는 일들을 하나하나 떠올려 보세요. 어떤 즐거운 일이 있었는지, 아쉬웠던 일은 무엇인지 생각해 보고, 글로 써 보세요.

- 가장 즐거웠던 일은?

: 친구들이랑 수영장에 가서 신나게 놀 때 가장 즐거웠다.

나 ______________________________

______________________________

- 가장 기억에 남는 일은?

: 멋진 공약을 만들고 여자 반장이 된 일이 가장 기억에 남는다.

나 ______________________________

______________________________

- 하고 싶었는데 하지 못한 일은?

: 날마다 일기를 쓰려고 했는데 그러지 못했다.

나 ______________________________

______________________________

- 가장 아쉬웠던 일은?

: 이어달리기 시합 때 바통을 떨어뜨렸다. 그래서 우리 분단이 졌다.

나 ______________________________

______________________________

새해가 되면 새로운 목표와 다짐이 생깁니다. 여기에 나의 새로운 목표와 희망을 써 볼까요? 무언가를 시작하기 전에 나의 마음가짐을 글로 정리하면 몸도 마음도 새로워집니다. 시간이 지나서 내가 깜박 잊어버리고 있을 때 다시 읽어 볼 수도 있지요.

- 올해 꼭 이루고 싶은 소원은?

: 꿀꿀이 왕자 같은 좋은 친구를 사귀고 싶다.

나 ______________________

______________________

- 올해 친구들과 하고 싶은 일은?

: 놀이공원에 놀러 가서 재미있게 놀고 싶다.

나 ______________________

______________________

- 올해 가족들을 위해 내가 하고 싶은 일은?

: 날마다 할머니, 할아버지 어깨를 주물러 드리겠다.

나 ______________________

______________________

- 내 장래 희망을 위해 하고 싶은 일은?

: 일기를 자주 쓰겠다. 내 꿈은 멋진 동화 작가!

나 ______________________

______________________

자, 이제 진짜 작별 인사를 할 시간이다. 통통 공주랑 꿀꿀이 왕자랑 함께한 글쓰기 시간은 어땠니? 글쓰기를 해 본 소감을 써 보렴. 우리에게 하고 싶은 말을 써도 좋단다!

얘들아, 어떤 글쓰기가 제일 재미있었고, 어떤 글이 제일 어려웠니? 나에게 하고 싶은 말, 여기에 다 써 봐!

나에게도 할 말이 많지? 내 글 중에는 어떤 게 가장 재미있었니? 혹시 수업 시간에 연필 깎은 이야기?

자, 이제 나랑도 헤어져야 할 시간이구나! 나는 오대산 산신령보다도 더 오래 살면서 너희들 글쓰기를 지켜볼 거야! 나에게 하고 싶은 말이 있니? 그럼 여기에 써 보렴!

글쓰기는 어려운 게 아니란다! 우선 너무 잘 쓰려고 하지 말고, 네 생각과 경험과 느낌을 솔직하게 쓰면 돼! 쓰는 사람이 신나고 재미있으면 읽는 사람도 그렇단다!

# 정답

백만 원짜리 왕사탕은 누구에게?

30쪽 : 사람

31쪽 : 달걀, 고추

32쪽 : ① 빨간 사과

② 큰 입으로 물을 먹고, 작은 입으로 뱉는 것은?

35쪽 : ① 운동회

② 독도

③ 누워서 떡 먹기

37쪽 : 가로세로 낱말 맞히기 1

1번 가로 : 연필심

2번 세로 : 심부름

3번 가로 : 부모님

4번 가로 : 고드름

37쪽 : 가로세로 낱말 맞히기 2

1번 가로 문제 : 밥과 반찬을 김이 돌돌돌!

1번 세로 답 : 김치전

2번 가로 답 : 자전거

2번 세로 문제 : 돈을 정말 아끼는 사람을 말해요!

3번 세로 답 : 거름

4번 가로 답 : 고집

5번 가로 문제 : 비 올 때 입는 옷을 말해요.

수수께끼와 가로
세로 낱말 맞히기에
정답이에요.